Training Latein

Grammatiktips und Übersetzungshilfen
ab dem 3. Lateinjahr

Beilage: Übersetzungstexte und Folien

Von Wilhelm Lang

Ernst Klett Verlag Stuttgart

Gym. Prof. Wilhelm Lang, geb. 1908, unterrichtete über 40 Jahre Latein neben Griechisch und Deutsch. Mitarbeit an lateinischen Unterrichtswerken und Veröffentlichungen in Zeitschriften.

CIP-Kurztitelaufnahme der Deutschen Bibliothek

Lang, Wilhelm
Training Latein : Grammatiktips u. Übers.-Hilfen ab d.
3. Lateinjahr. – 2., stark veränd. Aufl. – Stuttgart: Klett, 1977.
ISBN 3-12-928930-5

2. stark veränderte Auflage 1977
Alle Rechte vorbehalten
Fotomechanische Wiedergabe nur mit Genehmigung des Verlages
© Ernst Klett, Stuttgart 1976
Satz und Druck: Wilhelm Röck, Weinsberg
Einbandgestaltung und Illustrationen: Dieter Zembsch

Schwierigkeiten mit grammatikalischen Besonderheiten und bei Übersetzungen verleiden so manchem Schüler den Spaß am Latein. Und es ist gar nicht so einfach, Lücken zu schließen und wieder Boden unter die Füße zu bekommen. Das Training Latein packt die Probleme gezielt an.

- *Kurzlehrgang Grammatik: Im Mittelpunkt stehen die aus der Schulpraxis geläufigen „Stolpersteine", die immer wieder Kopfzerbrechen machen. Der Kurzlehrgang ist geeignet zum Wiederholen, zum Nachschlagen, zum Üben.*
- *Vokabular: Alphabetisch geordnet nach Wortfamilien wird hier aufgezeigt, wie man sich schwierige Vokabeln einprägt – durch Wortbildungstypen, durch Teile von Wortfamilien und den Anschluß an moderne Wörter, durch Hinweise auf Verwechslungsmöglichkeiten.*
- *Übersetzungstechniken: Sie werden an 12 lateinischen Texten verschiedener Schwierigkeitsgrade geübt. Seit im Abitur das Lexikon gestattet ist, zeigt sich deutlich, daß die Hauptschwierigkeiten gar nicht im Wortschatz liegen, sondern im Erkennen der Beziehungen im Satz, in der Analyse des Satzes, in den langen Perioden, die es durchzustehen gilt. Deshalb sind bei den Texten A–F als Übersetzungshilfen Hilfszeichen in rot eingedruckt, die die Zusammenhänge im Satz deutlich machen. Für die Texte 1–6 findet der Schüler diese Hilfszeichen auf Folien, die so auf die dazugehörigen Textblätter aufgelegt werden, daß die Ecken übereinanderliegen.*

Zur Selbstkontrolle gibt es zu jedem Text Hinweise auf Wörter und Grammatik sowie eine Erst- und eine Endübersetzung.

Und nun viel Spaß und vor allem viel Erfolg mit dem Training Latein!

Inhaltsverzeichnis

Aus dem Rom der Mitte des 1. Jahrhunderts v. Chr. 7
Militär 7
Politik (res publica) 13
Rechtswesen 17
Philosophie 17

Herübersetzungsregeln 19
Kongruenzregeln 22

Hinweise zur Verwendung infiniter Verbalformen 24
Das Partizip 24
Das Gerundivum 24
Das Supinum 26
Das Gerundium 27

Hinweise zur Formenlehre 28
Besonderheiten bei den Verben 28
Besonderheiten bei den Substantiven und Adjektiven 28
Besonderheiten der Pronomina 29
Altertümliche Formen bei pronomina, substantiva und verba 30
Besonderheiten in Bedeutung und Gebrauch der Pronomina und Pronominaladverbia 30

Kasuslehre 33
Die Ortsfälle und ihre Sprößlinge 33
Der Soziativ 41
Der Dativ 43
Der Genitiv 44
Überschneidungen 46
Der Fallgebrauch bei Personal- und Possessivpronomen 47

Die Modi 49
Indikative 49
Konjunktive 50
Innerlich abhängige Nebensätze 52
Konsekutivsätze 54
a. c. i. und n. c. i. 55
Relativsätze 57
Stellungsschwierigkeiten und Periodenbau 62

Wortschatz	66
Zur Wortbildungslehre	66
Exemplarisches Vokabular	67
Vokabeln, grammatische Hinweise, Übersetungen zu den Texten	77
Hintergrundinformationen zu den Texten	77
Text A – Fabel: Der Esel	78
Text B – Fabel: Der treue Hund	79
Text C – Sitten sind traditionsbedingt	80
Text D – Winterlager	82
Text E – Crassus	83
Text F – M. Porcius Cato	85
Text 1 – Stadtbeschreibung von Syrakus	87
Text 2 – Stadtbeschreibung von Alexandria	90
Text 3 – Stadtbeschreibung von Cartagena	92
Text 4 – Die Jugend des Dichters Archias	93
Text 5 – Aus dem Leben Jugurthas	94
Text 6 – Vergleich Catos und Cäsars	96
Abkürzungsverzeichnis	98
Zeichenerklärung	99

Aus dem Rom der Mitte des 1. Jahrhunderts v. Chr.

Wer Texte aus dem Lateinischen übersetzen will, muß sich nicht nur mit einer fremden Sprache, sondern auch mit einer fremden Welt herumschlagen. Wie schwierig das sein kann, erfahren wir schon in der Muttersprache. Wer nur Karl May gelesen hat, kann ein Buch über Maschinenbau, Erkenntnisphilosophie oder Parteipolitik kaum verstehen; es handelt sich um fremde Lebensbereiche. Doch gehören diese zu unserer heutigen Welt und schon das Tagesgeschehen bringt uns mit vielen von ihnen, am Rande wenigstens, in Berührung.
Das Tagesgeschehen im alten Rom dagegen sah ganz anders aus.
Manche Schwierigkeit im Übersetzen kommt gar nicht von der sprachlichen, sondern von der sachlichen Unkenntnis. So gilt es zunächst, diejenigen Lebensbereiche ein bißchen kennenzulernen, die in der Schullektüre eine Rolle spielen. In der Regel wird der Lateinschüler bei der Lektüre mit vier Gebieten konfrontiert: Militär, Politik, Recht und Philosophie (im weitesten Sinne). Ohne einen Überblick auf diesen Gebieten wird man viele Einzeltexte gar nicht verstehen können – und um Einzeltexte handelt es sich bei den meisten Testarbeiten. Hierfür muß der Übersetzer die Zusammenhänge kennen und Kenntnisse des römischen Lebens mitbringen. Im folgenden wollen wir eine Einführung in diese vier Gebiete geben, wobei besonderes Augenmerk auf die auftretenden lateinischen Fachausdrücke gelegt wurde.

Militär

Legionäre sind in dieser Zeit Berufssoldaten. Sie werden ausgehoben, d. h. in Listen eingetragen *(conscribuntur)*, teils aufgrund freiwilliger Meldung, teils unter leichtem Druck, und zwar – damals – vorwiegend in den Provinzen. Ehemalige namhafte Soldaten können vom Befehlshaber von Fall zu Fall aufgerufen werden und dienen als *evocati*. Sold und Beuteanteil, der jeweils vom Befehlshaber bestimmt wird, bilden das Einkommen des Legionärs; bei ehrenvoller Entlassung winkt dem Nichtbürger das Bürgerrecht. Für lange Dienstzeit und besondere Kampfleistungen gibt es Orden, die an einem Riemen über der Brust getragen werden. Ein besonderer Orden ist die *corona muralis* (Mauerkrone), die auf dem Kopf (z. B. beim Triumphzug) getragen wird. Sie wird dem verliehen, der als erster eine feindliche Stadtmauer erstiegen hat und am Leben geblieben ist. Der Dienst ist hart, die Disziplin streng. Auf Kriegsmärschen schleppt der Legionär Waffen, Decken, Schanzzeug, die eiserne Ration (Getreidekörner für mehrere Tage) und die *vasa* mit, Gefäße, in denen er Wasser holt, Wein empfängt, seine Körner *(frumentum)* quellen läßt. Oft schleppt er noch einen Pfahl mit für die Palisade am neuen Lagerplatz. Das Gesamtgewicht wird verschieden geschätzt, keinesfalls unter 30 kg, wahrscheinlich manchmal über 40 kg. Kein Wunder, daß die Marschleistungen auf den ersten Blick nicht beeindrucken: 12 bis 20 km pro Tag. Ein Marsch über 20 km *(magnum iter)* oder über 25 km *(maximum iter* – Eilmarsch) ist fast nur von kampfbereiten Truppen *(milites expediti)* mit leichtem Sturmgepäck zu machen. Muß doch – so will es die strenge Truppenvorschrift – abends ein Lager mit Graben, Wall und Palisade befestigt werden (daher im Lateinischen *castra munire*, im Deutschen *Lager aufschlagen*, weil wir nur an die Zelte denken). Morgens wird das Gepäck *(sarcina, -ae f.)* fertig gemacht, die Gefäße werden eingesammelt *(vasa colliguntur)* und die Palisade abgebrochen; dann fädelt sich die Marschkolonne ein. Nützlich ist dabei, daß jedes Lager gleich angelegt ist; jede Kohorte hat ihren festen Platz, die Lagergröße und Anordnung ist genau festgelegt, ob es sich um ein Kohorten-, Legions- oder Armeelager handelt.

Offizier wird man auf sehr verschiedene Weise. Der Unteroffizier *(decurio, -ionis m.)* wird selten erwähnt. Darüber steht der *centurio*; aber welch ein Unterschied zwischen dem, der den *primus pilus* (gebildet von *pilum, -i n. – Wurfspeer*) des ersten *manipulus* der ersten Kohorte, führt und dem letztbeförderten *centurio* des letzten *pilus*! Jener führt stellvertretend unter Umständen die ganze Legion, dieser ist ein schlichter Feldwebel.

Der *tribunus militum* bedeutet die höchste Beförderung im Felde; ein *centurio* wird diesen Rang kaum erreichen, denn der *tribunus militum* muß auch den Papierkrieg beherrschen. Es sind die vornehmen jungen Herren aus Rom; geschult in Lesen, Schreiben, Rechnen, kaufmännischem und juristischem Grundwissen und von Privatlehrern (häufig Gladiatoren) in Reiten und Fechten ausgebildet, manchmal auch in der militärischen (griechischen) Fachliteratur bewandert. Sie werden vom Befehlshaber in der *cohors praetoria* (Stabskompanie) zunächst als Kriegsvolontäre beschäftigt: Listen, Melderitte, einzelne Kommandounternehmungen, Reiterkommandos, Adjutanten bei bewährten Tribunen oder beim Feldherrn selbst, bis sie einer Legion zugeteilt werden. Auf die Legion entfallen normalerweise 6 Tribunen, wovon 2 militärisch und verwaltungsmäßig die Legion führen, während 4 dem Befehlshaber zur besonderen Verfügung stehen.

Hat sich ein Tribun bewährt, so kann er später einem Befehlshaber vom Senat als *legatus* beigegeben werden (*legare* heißt *beauftragen, abordnen,* daher die Doppelbedeutung: politischer Offizier, Gesandter). Er kommandiert eine oder mehrere Legionen, bei denen der Routinedienst nach wie vor von Tribunen und Centurionen wahrgenommen wird.

Die *Legion* besteht aus 10 Kohorten, die Kohorte aus 3 Manipeln, der Manipel aus 2 Centurien; das ergibt eine Sollstärke von 6000 Legionären (also auch 60 Centurionenstellen). Da Krankenausfälle, Kampfverluste, Abkommandierungen (Verpflegungstroß, Requirierungen, Wachdienst, Geschütz- und Reparaturdienst) jeweils abgerechnet werden müssen, wird man eine Legion mit 4000–4500 Mann als kriegsstark bezeichnen dürfen. Die Bewaffnung ist einheitlich; Helm *(galea, ae f.)* und Schild *(scutum, i n.)* sind auf dem Marsch mit Lederhüllen *(tegimenta, -orum n.)* überzogen. Der Wurfspeer des Legionärs *(pilum, i n.)* ist eine bösartige Waffe: nur die Spitze ist gehärtet, das anschließende lange Weich-Rundeisen verbiegt sich beim Auftreffen, so daß das *pilum* nicht leicht herauszuziehen, abzuschütteln und zurückzuwerfen ist: es müßte erst geradegebogen werden. Hat es getroffen, so kann der Legionär den behinderten Feind im Nahkampf mit dem Kurzschwert *(gladius, -ii m.)* fertigmachen *(conficere, interficere).*

Zur Legion gehören normalerweise 300 Reiter als Sicherungs- und Verbindungstruppe; sie sind in 10 Schwadronen *(turma, -ae f.)* zu je 30 Reitern eingeteilt. Als Kampftruppe sind sie gallischen, numidischen und germanischen Reitern meist an Zahl und Kampfwert unterlegen, weshalb die eigentlichen Kampfverbände der Kavallerie von Bundesgenossen angefordert oder als Söldner angeworben werden *(auxilia, -orum n.)*, ebenso die Leichtbewaffneten *(levis armaturae auxilia: fundatores, iaculatores, sagittarii* von *funda, ae f. – Schleuder, iaculum, -i n. – der – normale – Wurfspeer, sagitta, ae f. – Pfeil)*.

Die Marschspitze *(primum agmen – Vorhut)* ist durch Aufklärer *(exploratores)*, meist Reiterspähtrupps, gesichert; wieviel Kampftruppen geschlossen *(conferto agmine)* sich anschließen, wird vom Feldherrn nach Lage und Gelände angeordnet. Dann folgt der Troß *(impedimenta, -orum n.* – Verpflegungstroß, Feldschmieden, Ersatzwaffen, Reparaturwerkzeug, Offiziersgepäck usw.) unter der Obhut von Wachen und Troßknechten *(calo, -onis m.)*. Den Schluß bildet die Nachhut *(novissimum agmen – der neueste Zug,* weil für den Betrachter ja kein neuerer kommt!). Das Vorkommando wählt den neuen Lagerplatz; hat es ihn abgemessen und abgesteckt *(opere dimenso)*, beginnen die Truppen, wenn sie Waffen und Gepäck abgelegt haben (in Reih und Glied und nicht ohne sichernde Wachen, *stationes*) mit dem Anlegen der Lagerbefestigung in ihrem Abschnitt. *(Schanzarbeit* und *Schanze* heißen *opus, -eris n.)* So hat sich das schon ein halbes Jahrhundert (seit Marius) bewährt. Im Kampfanzug mit griffbereiten Waffen zur Ruhe überzugehen *(excubare)* ist selten und bedeutet höchste Alarmstufe, einen Hinterhalt *(insidiae, -arum f.)* oder den unmittelbar bevorstehenden Angriff des Feindes in offenem Feld.

Im Normalfall beginnt die *Schlacht* mit dem Geplänkel der Reiter und Leichtbewaffneten, das Aufklärung über die Aufstellung des Gegners bringen soll und Zeitgewinn für den eigenen Aufmarsch in der *acies triplex*, der dreifachen und schachbrettartigen Kampfaufstellung; vor dem Zusammenstoß rückt die 2. Schlachtordnung in die Lücken der ersten ein, die den Leichtbewaffneten einen Rückweg bieten und die Möglichkeit zu Schwenkungen in letzter Minute offen halten. Die 3. Schlachtordnung bleibt als Eingreifreserve *(subsidium, -ii n.)* hinter der Front *(subsidium* zu *subsidere,* da man die Truppe vermutlich bis zu ihrem Eingreifen sich setzen ließ). Stürmt der Gegner, so wirft man die *pila* in einer Salve *(pila conicere)* und stürzt sich mit gezücktem Schwert *(gladio stricto)* auf den behinderten Gegner; stürmt man selbst, macht man zur Pilensalve kurz Halt. Der Anprall *(concursus, incursus)* ist oft entscheidend. Im anderen Fall kommt es darauf an, daß man sich nicht in Einzelkämpfe verliert, sondern geschlossen kämpft *(ordines servare)*, sich aber auch nicht einquetschen läßt, sondern Raum zur Bewegung behält *(ordines laxare)*. Denn Stöße von kleinen geschlossenen Haufen, die sich immer wieder kurz vom Feind lösen *(pedem referre)* und wieder aufs neue auf ihn einrammen, zermürben auch tapfere Gegner. Es ist die Aufgabe der *tribuni* und *centuriones*, die Truppe auch jetzt in der Hand zu behalten.

Dazu muß die Truppe geschult sein, auf Kommandos, Feldzeichen und Signale zu achten. *Signum* ist für die Legion der Adler *(aquila, -ae f.)*; für die Kohorten und Manipeln sind deren *signa* maßgebend. Der *signifer* wird also stets in der Nähe seines Vorgesetzten zu finden sein, ebenso die Bläser der *tuba* (Fanfare) und des Horns *(cornu n.)*. Daher heißt *signa tollere* – die Zeichen aufnehmen – schließlich einfach *aufbrechen,* ebenso *signa movere; signa inferre* (gegen den Feind tragen) steht für *angreifen, signa convertere die Frontrichtung ändern, signa conferre* die Truppen *zusammenziehen* oder (von zwei gegnerischen Schlachtreihen) *sich angreifen.*

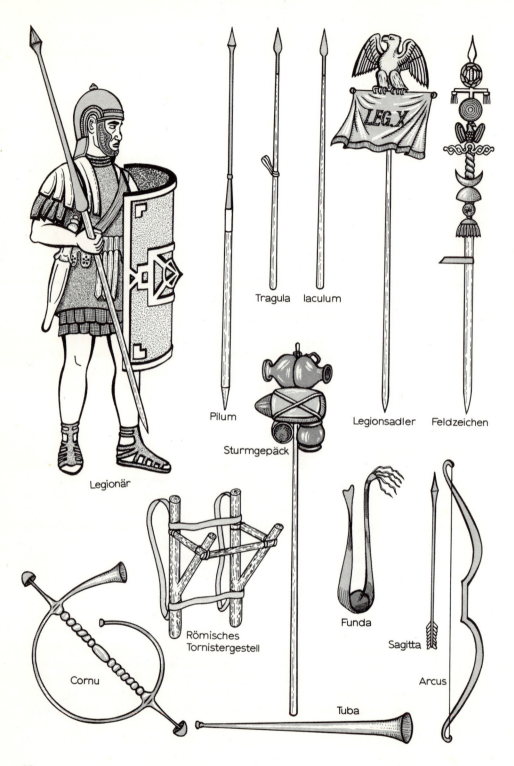

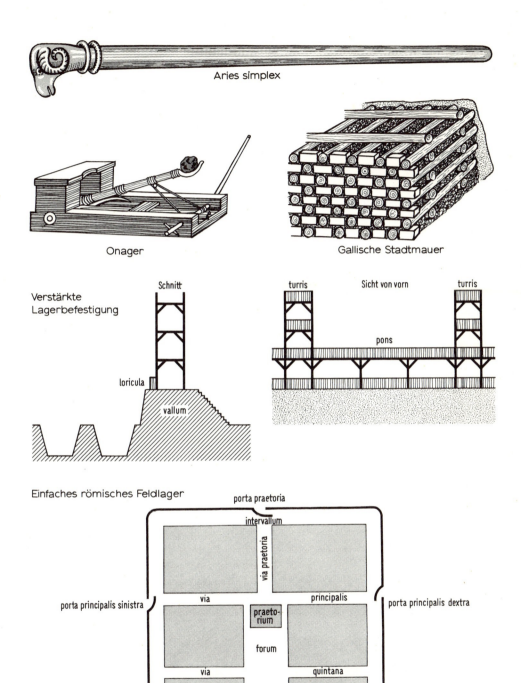

Eine feindliche *Befestigung*, sei es Lager oder Stadt *(oppidum, -i n.* meint stets eine *befestigte Stadt)* kann man selten vom Marsch aus *(ex itinere)* im Handstreich *(primo impetu)* einnehmen. Belagerung heißt (auch im Deutschen!) zunächst nur, daß man ein Lager in der Nähe aufschlägt, möglichst so, daß man den Gegner abschneidet und bedroht; dann nimmt *obsidere* allmählich auch die Bedeutung von *cingere* (umgürten, einschließen) und *circumvallare (mit einem Befestigungsring umgeben)* an. Beginnt der Sturm, so heißt das *oppugnare; erstürmen* ist *expugnare*.

Zur *oppugnatio* gehören umfangreiche Vorbereitungen. Rasch vorgetrieben werden können Schutzschilde und Laufhallen *(vineae aguntur)* auf Rädern; man kann sie als Wachen verteilen oder auch zu ganzen Gängen vereinigen. In ihrem Schutz werden Gräben zugeschüttet und ebene, dammartige Flächen zur Mauer hin aufgeschüttet oder mit Balkenkonstruktionen angelegt *(agger, -eris m. – Damm*, von *aggerere – heranschaffen*, nicht von *ager, agri m.*!), auf denen Belagerungstürme *(turris, -is f.)* auf Rädern herangeführt werden können. Sie sind höher als die Stadtmauer – falls der Gegner nicht die Mauer erhöht: dann kommt es zu einem Rüstungswettlauf. Die Türme sind mit nassen Tierhäuten gegen Feuer geschützt. Unten an der Mauer greift der *aries, (-etis m.)* an; ein Metallkopf, an einem schweren waagrechten Balken, mit Seilen aufgehängt, der gegen die Mauersteine gerammt wird. All das muß an Ort und Stelle von den Legionären montiert werden. Leitern *(scalae)* und Mauerhaken *(falces murales f.)* gehören ebenfalls zur Belagerungsroutine; letztere dienen zum Einreißen von Mauersteinen oder Holzbalken. Die gallischen Stadtmauern *(murus Gallicus)* bestehen aus einem raffiniert verzahnten Fachwerk, das dem Widder wegen seiner hölzernen Bestandteile, dem Brand wegen seiner Steinfüllung widerstand.

Gut eingeübte Pionierleistung erfordert auch die Montage, Aufstellung und Handhabung der Geschütze *(tormenta, -orum n.*, von *torquere – drehen*, weil ihre Schleuderwirkung auf Seilwindung beruht). Der *onager, -gri m.* schleudert schwere Steine, die *ballista, -ae f.* kleine Steinkugeln, *catapulta, -ae f.* und *scorpio, -ionis m.* vorwiegend Pfeile, wobei sogar gelegentlich Mehrladeeinrichtungen angebracht sind; Reichweite bis zu 300 Meter.

Dementsprechend muß man sich auch zur Verteidigung einrichten. Schon ein einfaches Winterlager wird mit einem Doppelspitzgraben von etwa 3,5 m umgeben; die ausgehobene Erde bildet den Wall, obenauf kommt die Palisade. Die Tore werden mit Balkentürmen gesichert; droht eine Belagerung, werden weitere Türme, ja sogar über der Palisade eine zweite Wehrgangreihe *(pontes, -ium m. – Brücken)* angelegt. Das alles setzt einen mühsamen, nie erlahmenden Drill- und Exerzierbetrieb voraus, aber auch eine Ausbildung, mit der ein gedienter Soldat *(veteranus, -i m.)* im Zivilleben sein Auskommen finden konnte.

Ist eine Stadt im Kampf genommen, gilt jegliches Gut als Beute *(praeda, -ae f.)*, und zwar Edelmetall *(aurum et argentum)*, Hausrat *(suppellex, -ctilis f.)* und Menschen, die oft pauschal nach Kopfzahl *(capita)* von Großhändlern *(mercatores)*, die das Heer begleiten, aufgekauft werden. Was der Feldherr für sich beansprucht, was er den Soldaten überläßt, ist verschieden. Beide wollen verdienen. In verzweifelter Lage ist es daher wichtig, zur Unterwerfung angenommen zu werden, ehe der Sturm begonnen hat; das bedeutet ein Minimum an Rechtssicherung, Gefangenschaft fast immer das Ende einer menschenwürdigen Existenz.

Politik (res publica)

Die Volksversammlung (comitia, -iorum n.)

Die *comitia curiata*, eine reine Adelsversammlung nach Kurien und Sippen *(curia, -ae f.*, ursprgl. aus *co-viria*-Männergemeinschaft und *gens, gentis f. – Sippe)* hat nur noch religiöse und zivilrechtliche Funktionen (z. B. Adoptionen). Wir können sie übergehen.
Die *comitia centuriata* (nach Centurien geordnet, eine ehemalige Heeresversammlung) verdient diesen Namen nicht, da die Centurien keine Hundertschaften mehr, sondern recht willkürliche Abteilungen sind, wobei z. B. die *equites* (die zum Heeresdienst ein Pferd unterhalten können) 18 Centurien stellen, die ganze Masse der Besitzlosen nur eine einzige! Die 18 Ritterzenturien und die 80 der ersten Besitzklasse *(pedites primae classis)* machen so über die Hälfte der insgesamt 193 Zenturien aus und entscheiden daher die Abstimmung, wenn sie einig sind. Hier werden vor allem die hohen Beamten gewählt, und nur sie können zur Neuwahl die Zenturiatkomitien einberufen. Dort stellen sich die Kandidaten *(candidati)* in weißer Toga *(toga candida)* vor; auch wird über Krieg und Frieden beschlossen, über Mord und Hochverrat, wenn der Angeklagte Berufung beim Volk *(provocatio ad populum)* eingelegt hat.
Die *comitia tributa* treten nach Wohngebieten (ursprünglich Stadtdritteln) zusammen *(tribus, -us f.)* und stimmen nach Kopfzahl ab. Hier werden die niederen Beamten gewählt. Die Beschlüsse der Tributkomitien haben Gesetzeskraft und stehen über Senatsbeschlüssen. Somit ist das Volk der eigentliche Souverän, und die Verfassung trotz aller aristokratischen Züge eine Demokratie *(libera res publica)*.
Die *contiones (-um f.)* sind Sprechversammlungen und können jederzeit einberufen werden, um Informationen zu geben und Diskussionen zu ermöglichen, in der Regel auf dem Forum.

Der Senat (senatus, -us m.)

Er ist fast so etwas wie eine Regierung, wird nur von hohen Beamten einberufen, tagt in der Kurie *(curia Hostilia*, angeblich zum ersten Mal von König Hostilius gebaut) oder in einem der größeren Tempel. Erscheinen ist für alle Senatoren Pflicht, die sich in Rom oder seiner unmittelbaren Umgebung befinden. Nur Krankheit entschuldigt. Hier wird über auswärtige Verträge beraten, werden Gesandte empfangen und gehört, Provinzverwalter und Befehlshaber *(imperatores)* ernannt; Provinzverwalter gelegentlich ausgelost *(sortiri provinciam)*. Man verfügt und überwacht außerordentliche Zeremonien. In Staatskrisen militärischer oder politischer Art kann durch das *ultimum senatus consultum (videant consules, ne quid detrimenti res publica capiat –* Die Konsuln sollen zusehen, daß der Staat keinen Schaden leidet) die Verfassung außer Kraft gesetzt und den Konsuln die Alleingewalt übertragen werden. Die Zahl der Senatoren schwankt zwischen 300 und 900; selten sind mehr als 400 *(frequens senatus –* ein zahlreich erschienener Senat) anwesend: viele befinden sich beim Heer, in Provinzen, auf Gesandtschaften, sind krank oder überaltert, auf Reisen oder auf ihren Landgütern.
Senator wird man, wenn man eines der 4 Ämter bekleidet hat. Man rückt jedoch nicht automatisch nach Ablauf des Amtsjahrs in den Senat ein, sondern wird von den Zensoren beim nächsten *census (-us m.)* einberufen. Da schon die Wahl zum Beamten eine gewisse Popularität (durch Kriegsdienst, rechtliche Tätigkeit, persönliches Ansehen) und Ver-

mögen erfordert (Wahlkampf!), ehrenrühriges Verhalten von den Zensoren als Hinderungsgrund angesehen werden kann, ist das Einrücken in den Senat keine reine Selbstverständlichkeit. Der Zensor kann sogar wieder aus dem Senat verstoßen *(senatu movere)*; allerdings kann der folgende Zensor wieder zulassen. Der Senat bestimmt einen Sprecher *(princeps senatus)*, der bei der Beratung als erster um seine Meinung gefragt wird. Ist schon ein neuer Konsul gewählt, dessen Amtszeit noch nicht begonnen hat *(consul designatus)*, wird dieser noch vor dem *princeps* befragt. Dann folgen die gewesenen Konsuln *(consulares)*, die ehemaligen Prätoren *(praetorii)*, zuletzt die *pedarii* (ehemalige Ädilen und Quästoren).

Den Vorsitz führt normalerweise einer der Konsuln, in seiner Stellvertretung ein Prätor, selten ein Volkstribun. Die *Sitzung* verläuft nach folgendem Schema, wobei die Senatoren stets als *patres conscripti (Patrizier [und] Beigeordnete)* angeredet werden:

1. *consul refert:* gibt die Tagesordnung bekannt und die dazu gehörigen Informationen. Er schließt mit der Formel *quod bonum, faustum* (glückbringend), *felix fortunatumque* (glücksgesegnet) *sit populo Romano Quiritium.* (*Quirites* ist die offizielle Anrede der Bürger; die Herkunft der Bezeichnung ist umstritten).
2. *sententiam rogat:* er fragt die Senatoren um ihre Meinung. Diese *sententiam dicunt* oder verzichten aufs Wort. Sie formulieren sofort oder während der Diskussion die Anträge *(sententiam ferunt)*.
3. Abgestimmt wird durch Hammelsprung *(discessio):* die Senatoren treten nach links und rechts auseinander, je nachdem, für welchen Antrag sie stimmen *(pedibus in sententiam alicuius ire)*.
4. Das Ergebnis ist das *senatus consultum*.
5. Der leitende Beamte entläßt den Senat.

Ein Plebiszit (Beschluß der Tributkomitien) kann einen Senatsbeschluß aufheben, ebenso das *veto* eines Volkstribunen. Besonders der Konflikt mit der Volksversammlung wird nach Möglichkeit vermieden, denn er bedeutet einen Ansehensverlust. Aber selbst ein aufgehobener Senatsbeschluß ist für einen Beamten wichtig: er repräsentiert das Urteil der Fachleute und der Männer, die auch künftig das erste Wort in der Politik haben. Man ist daher sehr darauf bedacht, auf dem Boden eines Senatsbeschlusses zu bleiben und nach ihm zu handeln *(ex senatus consulto, ex auctoritate senatus)*.

Die Ämterlaufbahn (cursus honorum)

Natürlich gibt es auch gegen Bezahlung tätige Beamte (besser: Staatsangestellte), *scribae* genannt. Aber Verantwortung und Entscheidungsgewalt tragen allein die ehrenamtlichen, von den Komitien in die Ehrenstellen *(honores, munera)* gewählten Beamten *(magistratus, -us m.)*. Wir unterscheiden:

Die *magistratus minores*
Die *quaestores* (ursprünglich Untersuchungsrichter) sind Finanz-, Archiv- und Verwaltungsbeamte, in den Provinzen zugleich Stellvertreter des Provinzverwalters oder Feldherrn. Zur Zeit Ciceros gibt es 20 *quaestores;* 2 *quaestores urbani* verwalten den Staatsschatz *(aerarium, -ii n.)*, der *quaestor Ostiensis* regelt die Getreidezufuhr nach Rom; 4 *quaestores classici* sind für den Flottenbau verantwortlich.

10 *tribuni plebis* (oder *plebei-plebi* für das Volk) nehmen an Senatssitzungen teil, können ihr *veto* einlegen *(ius intercedendi – das Recht zum Einschreiten)*, sind aber nicht stimm-

berechtigt. Sie dürfen Volksversammlungen einberufen *(ius cum plebe agendi)*, können aber auch Volksbeschlüsse verhindern. Sie dürfen nicht angegriffen oder vor Gericht gezogen werden (sind *sacrosancti*). Wer vor einem befangenen Gericht Hilfe sucht, wendet sich durch sie an die Volksversammlung *(ius auxilii ferendi)*.

aediles (2 *plebei*, 2 *curules*, weil sie wie Prätoren und Konsuln auf einem Klappsessel aus Elfenbein sitzen dürfen, der *sella cur(r)ulis* – ursprünglich ein Wagensessel) haben die *cura urbis* (Straßenunterhalt, Reinigung, Bau- und Marktpolizei), die *cura annonae* (Getreide-, Öl- und Marktversorgung), die *cura ludorum sollemnium,* teils regelmäßig wiederkehrende, teils gestiftete szenische Spiele im Theater, Gladiatorenspiele und Tierhetzen, *venationes*, im Amphitheater. Die letzeren meist als *munera*, Geschenke, mit denen reiche Römer die Gunst des Volkes gewinnen wollten.

Die *magistratus maiores (cum imperio)*

Die *praetores* (Zahl schwankend, mindestens 2) treten für uns besonders als Gerichtspräsidenten in Erscheinung. Der *praetor urbanus inter cives ius dicit (leitet Prozesse zwischen Bürgern);* hierher gehören alle politischen Prozesse. Der *praetor peregrinus* hat dieselbe Funktion in allen Prozessen zwischen Nichtbürgern oder Nichtbürgern und Bürgern. In Abwesenheit vertreten die Prätoren die Konsuln, wie ja auch der *praeitor* (der voran geht) ursprüngliche Bezeichnung für den Feldherrn (auch des Konsuls) war. Daher noch immer die Bezeichnung *praetorium (Feldherrnquartier* im Lager und die *praetoriani* für die späteren Kaisergarde). Die *praetores* sind auch für die *custodia urbis* (militärische und polizeiliche Sicherung der Stadt) verantwortlich, zumal konsularische Heere die Stadt nur zu einem genehmigten Triumphzug betreten dürfen. 6 *lictores* (von *ligare* binden, mit Rutenbündel und Beil versehen) begleiten den Prätor.

Die 2 *consules (consul,* ursprünglich *der den Senat befragt)* berufen den Senat und die Volksversammlung ein. Im Todesfall wird ein Konsul durch eine Zwischenwahl ersetzt *(consul suffectus)*; fallen beide Konsuln aus, wird ein *interrex* ernannt, der in wenigen Tagen Neuwahlen zu veranstalten hat. Jeder Konsul wird von 12 Liktoren begleitet. Beide haben die höchste ausübende Gewalt in Rom und beim Heer *(imperium domi militiaeque)*. Jeder führt normalerweise 2 Legionen; sind die beiden beisammen, kann der Oberbefehl wechseln (so bei Cannae). Bei Bedarf werden mehr Legionen ausgehoben. Daß die beiden die Amtsgewalt teilen müssen, zwingt sie, selbst im Falle des Notstands (des *ultimum senatus consultum*) nicht willkürlich zu handeln. In einer Krise kann einer auf aktives Eingreifen verzichten. Die Namen der Konsuln bezeichnen das Amtsjahr in offiziellen Dokumenten (z. B, *M. Tullio M. Antonio consulibus)*; Historiker rechnen gelegentlich *a. u. c. (ab urbe condita,* vom angeblichen Gründungsjahr Roms 753 v. Chr.).

Unsere Aufzählung wäre unvollständig ohne 2 Ämter, die sich nicht in den Einjahresrhythmus einfügen:

Ein *dictator* wird in höchster Gefahr ernannt. Die Konsuln sind ihm unterstellt, alle Beamten folgen seinen Anweisungen. Er wird von 24 Liktoren begleitet und ernennt als erstes einen Stellvertreter und Gehilfen *(magister equitum)*. Nach 6 Monaten erlischt seine Gewalt nach der Verfassung.

2 *censores* haben die Steuerlisten und damit die Klasseneinteilung für die Zenturiatkomitien neu aufzustellen, die neuen Senatoren zu berufen und die alten (soweit beanstandet) zu überprüfen. Die Vermögensangaben erfolgen *ex animi sententia* (ohne schriftliche Unterlagen). Die *nota censoria* (Rüge der Zensoren) kann aus dem Senat ausschlie-

ßen; die Zensoren erheben in den Ritterstand *(equum adscribunt)* oder verstoßen daraus *(equum adimunt)*. Da sie 18 Monate im Amt sind, geraten häufig länger dauernde Unternehmungen unter die Aufsicht der Zensoren und werden nach ihnen benannt (via Appia, Flaminia – die Wasserleitungen etc.), ebenso die Verpachtung der Steuern in Rom. Nach 5 Jahren werden 2 neue Zensoren bestimmt; inzwischen liegen alle Verwaltungsaufgaben wieder im Bereich der übrigen Beamten. Am Ende ihrer Amtszeit empfehlen die Zensoren die neugeordnete Bürgerschaft mit einem Sühnopfer *(lustrum, -i n.)* der Gnade der Götter. So nimmt *lustrare* (eigentlich *reinigen, hell machen* wie *illustrare*) die Bedeutung *mustern* und *lustrum* die Bedeutung von *Zeitraum von 5 Jahren* an. Der Zensor steht zwar im Rang unter den Konsuln, aber sein Ansehen ist ungewöhnlich; nur gewesene Konsuln *(consulares)* werden zu diesem Amt bestimmt.

Provinzgouverneure
Die gewesenen Konsuln und Prätoren werden oft *pro* (anstelle von) *consule, pro praetore* (oder als *proconsul, propraetor*) mit einer Provinzverwaltung betraut. Sie sind – wie Konsuln und Prätoren – Beamte *cum imperio*, d. h. sie verkörpern die Staatsgewalt mit voller richterlicher, verwaltungsmäßiger und militärischer Befugnis. Die Macht der Beamten *cum imperio* in den Provinzen ist fast unangreifbar; nach Ablauf der Amtszeit können sie allerdings zur Rechenschaft gezogen werden, wenn sich ein Kläger in Rom findet. Ihre Kommandierung kann verlängert werden *(prorogatio, -ionis f.)*; die 8 Jahre Cäsars in Gallien sind jedoch so ungewöhnlich wie das Dauerkommando Scipios in Spanien und Afrika im 2. Punischen Krieg. *Caesar pro consule bellum in Gallia gessit* heißt also nicht *Cäsar führte anstelle eines Konsuls in Gallien Krieg*, sondern *als Prokonsul*.
Ein Provinzgouverneur bringt oft einen ganzen Stab von Helfern mit: die *legati* kennen wir bereits, dazu kommt ein *quaestor* als Generalintendant, befreundete Rechtsfachleute *(iuris prudentes)*, die ihm bei der Urteilsfindung als Gutachter helfen, wenn er *conventus agit* (Kreistage abhält), bei denen schwierige Rechtsfälle entschieden werden müssen und solche, die römische Bürger betreffen, während die kleineren Fälle vor einheimischen Gerichten verhandelt werden. Steuern werden verpachtet an Unternehmer *(publicani)*, die den Beamten das Recht, Steuern einzutreiben, regelrecht abkaufen, dafür dann aber erheblich mehr Steuern einziehen als sie abliefern. Sie verpachten die Arbeit wieder an kleinere „Haie" (vgl. die „Zöllner" im Neuen Testament). Man spart auf diese Weise die Beamtengehälter. In kaiserlicher Zeit gibt es außerdem die *procuratores* (vgl. Pilatus), die sich weit weniger bereichern konnten.

Die Stände

In der alten Republik steht häufig der Geburtsadel der Patrizier *(patricii* oder kurz *patres)* im Kampf mit der *plebs (plebeii)*. Nach dem langsamen Einrücken von Plebejern in den Senat im Lauf des Ständekampfes nannte man die sich neu bildende Senatspartei *optimates, -um m.* oder kurz *boni*, ihre politischen Gegenspieler *populares, -ium m.* (ursprünglich etwa *Volksgenosse*, was es immer noch bedeuten kann). So kommt es, daß Cäsar als Sproß des Hochadels Popular ist, sein gleichnamiger Verwandter Optimat wie die Plebejer Cicero und Cato. Pompejus als Plebejer ist Führer der Senatspartei im Bürgerkrieg.

Quer dazu steht die Steuereinteilung: die *senatores* sind meist auf Grundbesitz und -erwerb spezialisiert, weil ihnen Geldgeschäfte verboten sind; die *equites* bilden den eigentlichen Geldadel (Großhandel, -gewerbe, Bankgeschäfte, Steuerpacht, Export und Import); zur normalen Bürgerschaft zählen Handwerker, Bauern, Kleinhändler und Proletarier. Unter ihnen noch stehen die *liberti* (Freigelassenen) und die Sklaven.

Rechtswesen

Für die Schullektüre interessieren privatrechtliche Prozesse nicht, nur strafrechtliche und politische; ebenso kann hier die Rechtsprechung über Nichtbürger ausgeklammert werden. Sehr wichtig ist dagegen, daß es keinen Staatsanwalt gibt, der verpflichtet wäre, Klage zu erheben. Also gilt es, einen *patronus* (etwa: Anwalt) zu finden, selbst wenn eine ganze Provinz Klage gegen einen ausbeuterischen Beamten erheben will; nur ein Bürger kann einen Bürger anklagen *(causam agere)* z. B. *de repetundis* (ergänze: *rebus*) über *Wiedererstattung*. Der Ankläger *(actor)* muß Namen und Vergehen beim *praetor urbanus* melden *(nomen deferre)*. Hat der Angeklagte *(reus, -i m.)* wenig Zutrauen zu sich selbst, so sucht er einen möglichst bekannten *patronus*, der die Verteidigung führt *(causam dicit)*, oder sogar einen ihm gewogenen Ankläger! In einer Vorverhandlung *(divinatio,* eigentlich göttliche Eingebung!) wird entschieden, wer die Anklage führen darf. Hierauf wird der Angeklagte vorgeladen *(in ius vocatur)*, ein Termin wird festgesetzt *(dies dicitur)*. Dann erfolgt die Verhandlung *(cognitio, -ionis f.)*. Erst sprechen die Parteien in längerer Rede *(oratione perpetua)*, dann folgt die *altercatio* (Fragestellung) und *probatio* (Urkunden, Zeugnisse, Geständnisse) und am Schluß das Urteil *(sentential iudicum)*. Der Rechtsfall heißt *causa*, das ganze Verfahren *iudicium, -ii n. (Rechtsprechung)*, ebenso schließlich auch das *Urteil*.

Für Nichtbürger und (vor allem entlaufene) Sklaven gibt es Foltern und harte Strafen bis zur Kreuzigung; auch Befragungen von Sklaven über ihren Herrn mit dessen Erlaubnis gibt es. Cicero hält sie bereits für fragwürdig: der Grad der Folter liegt beim Untersuchungsrichter; Hoffnung auf Lohn und Furcht vor Strafe beeinflussen die Aussage.

Der Bürger entzieht sich einer strengeren Strafe meist durch Flucht ins freiwillige Exil (außerhalb Italiens), wodurch er allerdings sein Bürgerrecht verliert. So bleibt es meist bei Geldstrafen *(multa, -ae f.)*. Strenge und grausame Strafen, aus den Schilderungen der Christenverfolgung geläufig, gehören – soweit sie Bürger betreffen – erst der Kaiserzeit an. Verlust von Freiheit oder Todesstrafe werden tunlichst vermieden.

Philosophie

In der Epoche unserer Schulschriftsteller geht es meist nicht mehr um die erregenden Probleme, mit denen die Griechen gerungen hatten. Man folgte festen Lehrmeinungen, wie sie die Griechen vorgebildet hatten, daher gibt es nur wenig Neues.

Physik und Metaphysik

Allen Schulen gemeinsam ist inzwischen die Annahme der 4 Elemente, von Aristoteles übernimmt man noch den Geist als *quinta essentia*.

Epikur (gestorben 270) hatte sich dem Atomtheoretiker Demokritos von Abdera angeschlossen (gest. etwa 360), der verschiedene Atome, ihre Bewegung und Gruppierung für das Entstehen der Dinge einschließlich der sogenannten Elemente und des Geistes verantwortlich macht. Diese Lehre verneint göttliche Eingriffe und bietet dadurch Freiheit von Furcht; darauf kommt es dem Epikuräer hauptsächlich an. Hauptvertreter in Rom ist Lucretius Carus mit seinem Gedicht *de rerum natura*.

Die *Stoiker* (Gründer Zenon, gest. 264) meinen, so, wie der Körper des Menschen vom Geist gelenkt werde, so auch das All: die *recta ratio* (griechisch: orthós lógos) beseele das Weltall; die Weltseele ist eigentlich mit Gott zu identifizieren. (Nicht umsonst zitiert Paulus in seiner Rede in Athen einen Stoiker!). Der Weise – *(sapiens, philosophus)* ist der Vertreter der *recta ratio* auf Erden; nach Cicero sollte deshalb der Weise sich hauptsächlich im Staat betätigen, der ja die Ordnung im Sozialleben verkörpert. Als Vorbild gilt damals Cato.

Die *Akademiker* (Schüler Platons, unter ihnen Cicero) unterscheiden sich in jener Zeit in einigen Punkten von den Stoikern. Wie kann der Mensch Richtiges und Falsches unterscheiden? Doch nur, weil die Seele vor dem jetzigen Leben die Wahrheit (die Ideen) gesehen hat und sich nun von Fall zu Fall erinnert, deutlich (Mathematik) oder verschwommen; eine Ahnung besitzt sie in jedem Fall. In Ciceros Zeit herrscht die jüngere Richtung, die eine echte Erkenntnis leugnet: der Mensch müsse sich mit dem Wahrscheinlichen begnügen (probabilistischer Skeptizismus). Von Aristoteles wird u. a. die Lehre vom Geist *(mens, ratio)* als dem wahren Beweger übernommen: er sei die erste Ursache der Welt.

Ethik

Alle Schulen sind darin einig, daß das Ziel des Menschen die Glückseligkeit sei *(vita beata)*. Man gelangt zu ihr durch das Streben nach dem höchsten Gut *(summum bonum)*.
Die *Epikuräer* sehen das höchste Gut im Genuß *(voluptas, -tis f.)*. Ihn erlangt man durch Freiheit vom (religiösen) Aberglauben, mäßigen Genuß, der die Gesundheit nicht zerrüttet, Schönes und Geistiges bevorzugt, Freundschaften pflegt und die Gefahren des öffentlichen Lebens *(res publica!)* meidet. In den Gärten *(hortuli* sagt Cicero spöttisch), abseits vom Weltgetöse, sucht die epikuräische Gemeinschaft den gepflegten Genuß.
Die *Stoiker* sehen die *vita beata* einzig in der *virtus* (ein kaum genau übersetzbarer Begriff). Wer sich dem Genuß ausliefert, kann nie frei von eigenen Wünschen und Begierden sein; äußeres Unglück (Bankrott, Sklaverei) treffen ja alle Genußmöglichkeiten im Kern. Der wahre *sapiens* ist vom Unglück nicht zu erschüttern *(constantia, fortitudo)*, äußeres Glück *(fortuna)* ist ihm unwesentlich, denn nur die Bewährung der *virtus* gibt wahre Befriedigung; im Notfall ist Selbstmord einem Leben ohne Würde *(dignitas)* vorzuziehen. *Beatus* kann also sogar der schwer Mißhandelte sein; der Schuldige nie, denn seine Seele hat sich befleckt.
Die *Akademiker* sind derselben Ansicht, gehen aber in der völligen Mißachtung irdischer Güter nicht so weit.

Herübersetzungsregeln

Die lateinische Grammatik steht in dem Ruf, besonders logisch zu sein. Sie ist es nicht, aber sie zwingt den modernen Übersetzer zur Logik, weil sie vieles nicht ausdrückt, was in modernen Sprachen deutlich vermerkt wird. Hier nur ein paar Beispiele:

- ☐ Es gibt keinen Artikel. Welch ein Unterschied zwischen *ein* und *der* Konsul!
- ☐ Die Funktionen der Fälle (z. B. *gen. subi.* und *gen. obi., abl. instr.* oder *abl. sep.* usw.) müssen durch Überlegungen aus dem Zusammenhang erschlossen werden. Das besorgt in unserer Sprache ein Heer von Präpositionen.
- ☐ Die Konjunktive werden bei uns sehr häufig durch Modalverben verdeutlicht oder ersetzt (*sollen, müssen, mögen* usw.), im Lateinischen nicht. (Vgl. das Kapitel über die Modi.)
- ☐ Partizipialkonstruktionen geben höchstens das Zeitverhältnis wieder und das nicht immer zuverlässig (vgl. 22); alle anderen logischen Bezüge müssen wir selbst finden – aus dem Zusammenhang. So kann
  fratre occiso heißen: als (obwohl, weil) sein Bruder erschlagen (im Kampf getötet, ermordet) war;
  oder: als (obwohl, weil) er (man) seinen Bruder erschlagen (im Kampf getötet, ermordet) hatte.

Da der Zusammenhang für uns nicht von vornherein feststeht, sondern erst durch Übersetzungs- und Deutungsarbeit unter diesen erschwerten Bedingungen erschlossen werden muß, halten wir als erste Regeln fest:

1 Übersetze niemals über eine Form hinweg (besonders nicht über Verbalformen), sondern bleibe genau.

Fehlerbeispiel: Caes. B. G. VII 26

Omnia experti Galli ... consilium ceperunt.	Alle gallischen Fachleute faßten den Entschluß.

omnia paßt nicht zu *experti*; *experti* ist Partizip des Deponens *experiri* und heißt *erprobt habend*. Also ergibt sich:

omnia experti Galli ...	Die Gallier, alles erprobt habend ...

Ferner: Cic. Verr. II 4. 44

Multi domi Cn. Calidi cum potestate atque imperio fuerunt.	Viele Häuser des Cn. Calidus waren mit Macht und Befehl

Häuser heißt *domus* und ist *fem.*, also paßt *multi* nicht dazu.
domi muß also locativus sein: *zuhause, im Hause*.

Es ergibt sich also:	Viele mit Macht und Befehlsgewalt (nämlich römische Beamte) waren (verkehrten) im Hause des Cn. Calidus.

2 Lege nicht fest, was Form und Wortbedeutung (im weitesten Sinne) nicht bestimmen, sondern prüfe alle Möglichkeiten. Wähle keine freie Übersetzung, ehe der Sinn des Satzes – vielleicht sogar des Abschnitts – einigermaßen feststeht (vgl. *fratre occiso*).

3 Scheue dich deshalb nicht, so wörtlich wie möglich zu übersetzen. Unter Umständen können sogar gelernte Redewendungen gefährlich sein, wenn man ihren ursprünglichen Wortsinn außer acht läßt.

Fehlerbeispiel

gloria belli heißt zwar Kriegsruhm, aber in der Wendung Liv. XXVIII 40, 9 *tantum gloriae belli domique partae* hält die geläufige Formel höchstens auf. Es muß heißen: soviel (des) **Ruhm(s)**, in Krieg und Frieden erworben.

Ferner heißt *itaque* deshalb, aber in dem Satz

| Cum quaestor in Sicilia fuissem *itaque* ex ea provincia decessissem ... | Als ich Quästor in Sizilien *und so* aus dieser Provinz weggegangen war ... |

führt ein *deshalb* auf eine ganz falsche Fährte.

4 Längere Satzperioden müssen in Haupt- und Nebensätze, diese wieder in das Skelett Subjekt und Prädikat und in Wortkomplexe aufgegliedert werden. Dieser Aufgliederung dienen unsere Hilfszeichen.

5 Oft lassen sich Sätze aufdröseln, indem man die Nachbarschaft des Verbs (häufig die wichtigsten Satzglieder außer dem Subjekt) zuerst übersetzt. Die Kunst des vorläufigen Weglassens von Umstandsbestimmungen und Nebensätzen muß zur Routine werden, wenn ein Satz nicht auf Anhieb klar ist.

6 Diese Arbeit wird erschwert durch die Freiheit der Wort- und Satzstellung im **Lateinischen**. Daher ist unbedingt Regel 7 zu beachten.

7 Wenn die Kongruenz keine Handhabe bietet, wohin ein Wort gehört, entscheidet **der bessere Sinn**. Niemals aber darf ein vermuteter Sinn dazu verführen, gegen die Kongruenz zu verstoßen.

Beispiel: Sinnspruch (Distichon)

Ómnia śunt hominí *tenùí* pendéntia fílo
ét subitó cursú, qúae valuére, rúunt.

Alles hängt (ist hängend) für den Menschen an seidenem (dünnem) Faden
und in plötzlichem Lauf stürzt, was eben noch stark (war).

Wörter: tenuis – zart, dünn; pendeo, pependi, -pendere – (selber) hängen (Verwechslungsgefahr! pendo, pependi, pensum, -pendere – etwas aufhängen); filum, i n. – Faden; valere – stark sein.
Merke: Nichts würde hindern, *tenui* auf *homini* zu beziehen, also: Alles hängt für den schwachen Menschen an einem Faden . . .
Aber es entscheidet der bessere Sinn, da es die Kongruenz erlaubt.

8 Im Zentrum des Prädikats steht eine *finite* (nach Person, Zeit und Aktionsart bestimmte) Verbalform, selbst wenn sie ergänzt werden muß (Formen von esse und fieri). Das gilt auch für die Infinitive im *accusativus cum infinitivo (a. c. i.)*, die nur nach der Zeit und Aktionsart bestimmt sein können.

9 Treffen zwei Verbalformen *(finit* oder *infinit)* zusammen, so übersetze zuerst das Verbum, das am ehesten einem deutschen Modalverb entspricht *(debere, posse, opus est, licet* u. ä.*)*.

Beispiel:

. . . sperare se a multitudine impertrari *posse* . . .	er (oder sie) hofften, es *könne* von der Menge erreicht werden, daß . . .

Trifft ein Indikativ und ein Konjunktiv zusammen, so übersetze zuerst den Indikativ und betrachte den Konjunktiv als abhängig (auch ohne *ut*).

Beispiele:

Aus dem Alexanderzug
Excercitus lacrimis Alexandrum
deprecatur, finem tandem belli
faceret.

Das Heer bat Alexander unter Tränen, er solle endlich dem Krieg ein Ende machen (ein Ende des Kriegs).

Wörter: lacrima, -ae f. – Träne; deprecari – durch Bitten abzuwenden suchen, bitten.
Grammatik: faceret – *praes. hist.* (105) kann in der *cons. temp.* (115) als Haupt- oder Nebentempus verwendet werden.

Liv. VI 26, 6 und Liv. XXII 39, 20

bellum avertatis precamur

wir bitten, daß ihr den Krieg abwendet

Malo, te sapiens hostis *metuat,*
quam stulti cives *laudent.*

Ich möchte lieber, daß dich ein kluger Feind fürchtet,
als daß dich törichte Bürger loben.

10 Vergiß nicht, Umstellungen, die du aus Gründen der Satzanalyse vorgenommen hast, wieder rückgängig zu machen; denn sonst wird häufig der logische Zusammenhang zerrissen (z. B. bei Relativsätzen usw.). Die durchgehende Erstübersetzung nach der Analyse folgt dem lateinischen Text möglichst genau und dient der Selbstkontrolle.

Kongruenzregeln

Das erste Mittel, einen Satz aufzuschlüsseln und Zusammengehöriges zusammenzubringen, ist die Kongruenz. Zu den sprachlichen Binsenwahrheiten gehören die ersten vier der folgenden Regeln.

11 Adjektivische Attribute (*adiectiva, participia* und adjektivisch gebrauchte *pronomina*) müssen mit dem zugehörigen Substantiv in *casus, genus, numerus* übereinstimmen.

    viri Romani (nom. pl. masc.)   römische Männer
    matronam Romanam (acc. sg. fem.)   eine römische Ehefrau

12 Dieselbe Wortgruppe muß – wenn Prädikatsbestandteil – mit dem Subjekt in *casus, genus, numerus* übereinstimmen.

    Cornelia pulchra erat (nom. fem. sg.)   Cornelia war schön

13 Die finiten Verbalformen (mit Personenendungen) müssen im *numerus* mit dem Subjekt übereinstimmen.

    Cornelia legebat (sg.)   Cornelia las

14 Das Relativpronomen richtet sich in *genus* und *numerus* nach seinem Beziehungswort; der *casus* wird durch die Struktur des Relativsatzes bestimmt.

    Verba, quibus oratori utendem est ...   die Worte, die der Redner gebrauchen muß ...

Dabei erscheint das Beziehungswort oft im Relativsatz, wenn es nach deutschem Sprachgefühl vor dem Relativpronomen stehen müßte.

    Quos pueri *mores* dedicere,   Die *Sitten*, die sie als Knaben gelernt haben,
    tenent seniores.   (be)halten sie als ältere Menschen (bei).

Schwieriger wird es, wenn das Lateinische vom Deutschen weiter abweicht.

15 Adjektiv und Partizip richten sich
bei Aufzählungen von Sachen nach dem nächststehenden *substantivum*.

Beispiele: Cic. ad Att. IV, III, 2 und Liv. XXVIII, 44, 12

    magna querela et gemitu   Unter großem Seufzen und Klagen
    apud reges gentesque *externas*   bei auswärtigen Königen und Völkern

16 Adjektiv und Partizip richten sich nach dem natürlichen Geschlecht.
Beispiele: Sall. Iug. 53, 4 und Sall. Cat. 54, 1

plerosque velocitas et regio hostibus ignara *tutata* sunt (tutata ist neutr. pl.)	Die meisten rettete die Schnelligkeit und die den Feinden unbekannte Gegend.
genus, aetas, eloquentia prope *aequalia fuere*	Herkunft, Alter und Beredsamkeit waren beinahe gleich.

17 Adjektiv und Partizip richten sich bei Aufzählungen von Sachen und Personen nach den Personen.

homines iumentaque *ambusti* sunt	Menschen und Tiere verbrannten

18 Sie richten sich bei Personen verschiedenen Geschlechts nach den Männern.

pater mihi et mater mortui sunt

19 Demonstrativpronomina, die Subjekt sind, richten sich – abweichend vom deutschen Sprachgebrauch – nach dem folgenden Prädikatsnomen.

ista quidem vis est	*das* ist ja Gewalt
istae iniuriae sunt	*das* sind Ungerechtigkeiten
Idem velle atque idem nolle, *ea est* demum firma amicitia.	Dasselbe wollen und dasselbe nicht wollen, *das* ist schließlich feste Freundschaft

(Besonders gute Beispiele in Text 19, Wort 124, 127, 131.)

20 Ebenso löst sich das Relativpronomen von seinem Beziehungswort, wenn ein Prädikatsnomen anderer Kongruenz folgt.

Romani deleverunt Carthaginem urbem, *quod* fuerat *caput* magni imperii.	Die Römer zerstörten die Stadt Karthago, die Hauptstadt eines großen Reiches gewesen war.

Merke: Scheinbar formal glatte Kongruenz kann leider auch täuschen.

Beispiel: Liv. XXX 36, 6

Uticam *eodem* et revocato Octavio rediit. *(et = etiam)*	Er kehrte nach Utica zurück, nachdem er Octavius *ebendahin* zurückgerufen hatte. (nicht: nachdem er denselben Octavius zurückgerufen hatte.)

Hinweise zur Verwendung infiniter Verbalformen

Das Partizip

21 Partizipien auf *-ns, -ntis (participium praesens)* und auf *-urus (participium futuri)* sind stets aktiv, auch bei Deponentien. Die Verwechslung von Passiv und Futur, die das deutsche Hilfsverb „werden" nahelegt, ist ein primitiver, aber häufiger Fehler (er wird überfahren: *ind. praes. act.* und *ind. fut. I pass.*).

Beispiele:

Inschrift eines Weihaltars am Rhein
VICTI · INVICTIS · VICTURI
Die Besiegten · den Unbesiegten · als künftige Sieger

Die Truppe war von den Germanen geschlagen worden, weiht den Altar zur Sühne den unbesiegten – weil unbesiegbaren – Göttern und verspricht, künftig zu siegen, d. h. die Schlappe auszuwetzen.

Sinnspruch
Disce, ut semper *victurus*,   Lerne, wie wenn du immer leben,
vive, ut cras *moriturus*.   lebe, wie wenn du morgen sterben würdest.

Wörter: victurus gehört zu vivere (233); disco, didici, -discere – lernen

22 Partizipien auf *-us, -a, -um* haben passive, bei Deponentien aktive Bedeutung (s. Text 2, Wort 84); selten können sie eine passive Bedeutung annehmen. Sie dürfen bei Deponentien auch wie *part. praes.* übersetzt werden (vgl. 109 Erklärung).

Das Gerundivum

23 Das *gerundivum* ist stets passiv und adjektivisch. Seine Grundfunktion ist die eines *part. praes. pass.*

Beispiele:

res publica administranda   der Staat, der verwaltet wird
de re publica administranda   er hat sich bei der Staatsverwaltung wohl verdient
bene meruit   gemacht

(Hier gibt es keine futurische Bedeutung: man kann sich nicht verdient gemacht haben, wenn der Staat erst verwaltet werden soll.)

Superstitione *tollenda*   Wenn der Aberglaube aufgehoben wird,
non tollitur religio.   wird die Religion nicht aufgehoben.

Wörter: superstitio, -ionis f. – Aberglaube; tollo, sustuli, sublatum, -tollere – aufheben

| Dicendi elegantia augetur | Redegewandtheit wird gefördert durch |
| *legendis* oratoribus et poetis. | Lektüre von Rednern und Dichtern. |

Wörter: elegantia, -ae f. – Gewandtheit; augeo, auxi, auctum, -augere – vermehren.
Grammatik: dicendi – gerundium (25); legendis – gerundivum.

Da die Modalverben nicht so üblich sind wie im Deutschen, nahm das *gerundivum* als Hauptfunktion bald die *futurische* Bedeutung an.

Beispiele:

res publica *administranda*	der Staat, der verwaltet werden soll;
	der zu verwaltende Staat
Populus mihi consuli rem publicam	Das Volk hat mir, dem Konsul, den Staat zur
administrandam mandavit.	Verwaltung anvertraut.
Hic liber mihi *legendus* est.	Ich muß dieses Buch (noch) lesen.

Futurische Bedeutung und gleichzeitig den Charakter des part. praes. pass. zeigt im folgenden das *gerundivum* in einem *ablativus absolutus (abl. abs.).*

Partis honoribus eosdem gessi	Nach der Wahl in die höheren Ämter habe ich mich
in foro labores quos *petendis*.	auf dem Forum genauso abgemüht wie während
	der Bewerbung.

Wörter: peto, petivi, petitum, petere – erstreben; pario, peperi, partum, parere – gewinnen, auch gebären (s. 207); labor, -oris m. – Mühe (s. 202); gero, gessi, gestum, gerere – (aus)führen (s. 186).
Grammatik: partis – petendis: abl. abs. (s. 75)
Unter *labores forenses* versteht der Römer politische Tätigkeiten und juristische, da beides im öffentlichen Interesse liegt und größtenteils politische und soziale Fragen berührt.
(Wörtliche Übersetzung: Bei erlangten Ehrenstellen habe ich dieselben Mühen auf dem Forum auf mich genommen, welche (ich) bei zu erstrebenden auf mich genommen hatte.)

Ein Überfall. Welche Aufgaben hat der Feldherr nun?

Caes. B. G. II, 20

Caesari omnia uno tempore	Cäsar hätte alles zugleich betreiben sollen: die
erant *agenda*: vexillum *proponendum*,	Kampfstandarte aufstellen, die wegen des Bau-
ab opere *revocandi* milites, qui	materials weiter vorgegangenen Soldaten zurückrufen
paulo longius aggeris petendi causa	lassen, die Schlachtreihe aufstellen, die Soldaten
processerant, *arcessendi*, acies	anfeuern, das Signal zum Kampf geben. Das meiste
instruenda, milites *cohortandi*,	davon verhinderte die Kürze der Zeit und der Ansturm
signum *dandum*. Quarum rerum	der Feinde.
magnam partem temporis brevitas	
et incursus hostium impediebat.	

Ein für die Verwendung des Gerundivums klassisches Beispiel. Der letzte Satz entscheidet darüber, daß im Deutschen der Konjunktiv stehen muß (s. auch 103); denn Cäsar kam gar nicht dazu, alle diese Aufgaben wahrzunehmen.

Wörter: vexillum, -i n. – Fähnlein (war ein Kampf in Aussicht, ließ der Feldherr vor seinem Zelt bzw. an seinem Standort seine Standarte aufpflanzen); opus, -eris n. – Schanzarbeit (s. 202); agger, -eris m. – Damm(material), Holz und Erde (gehört zu aggerere – zusammenbringen, nicht zu ager!); procedere – vorgehen (s. 174); arcesso, -ivi-itum, -ere – herbeirufen.
Grammatik: paulo – abl. mens. (s. 70); causa – s. 101.

(Wörtl. Übersetzung: Dem Cäsar war alles zu einem Zeitpunkt zu betreiben: das Fähnlein war aufzustellen, die Soldaten, die ein wenig weiter vorgegangen waren des zu suchenden Baumaterials wegen, waren herbeizurufen, die Schlachtreihe war aufzustellen, die Soldaten zu ermahnen, das Zeichen zu geben. Dieser Dinge einen großen Teil verhinderte die Kürze der Zeit und der Anlauf der Feinde.)

Das Supinum

24 Das *supinum I* auf *-um* ist ein alter Richtungsakkusativ und an sich unproblematisch; man muß es bloß erkennen.

Beispiele: Cic. Phil. III 12, 31   Antonius ist nach Gallien aufgebrochen. Wozu?

In Galliam *mutilatum* ducit exercitum; cum una legione et ea vacillante L. fratrem exspectat, quo neminem reperire potest sui similiorem.

Er führt sein Heer nach Gallien (um zu metzeln) zu einem Massaker; mit einer Legion (und der schwankend) – und die ist nicht sicher in seiner Hand –, erwartet er seinen Bruder Lucius (, von dem aus gerechnet er keinen ihm selbst ähnlicheren finden kann); er kann ja niemand finden, der ihm ähnlicher wäre.

Wörter: mutilare – verstümmeln (hier: metzeln, massakrieren); vacillare – schwanken; reperio, repperi, repertum, reperire – finden (durch Suchen).
Grammatik: quo – *abl. comp.* (s. 55) zu *similiorem*; sui: bei *similis* steht meist *gen.*, von Substantiven auch der *dativus*.

Die Übersetzung ist besonders heikel, wenn die Supinumform sich als Partizip zu einem benachbarten Substantiv anzubieten scheint.

Caes. B. G. VII 5, 3

Legatos mittunt subsidium *rogatum*, quo facilius hostium copias sustinere possint.

Sie schickten Gesandte, *um* Hilfe *zu fordern*, damit sie so (*dadurch* oder *um so*) leichter den Truppen der Feinde standhalten könnten.

Wörter: subsidium, ii n. – Hilfe (s. 223); rogare – fordern; sustinere – aushalten.
Grammatik: mittunt – praes. hist. (s. 105); quo entspricht ut eo (*final* oder *konsekutiv*, s. 137); eo – abl. instr. (69) oder abl. mens. (70) zu facilius.

Das *supinum II* auf *-u* ist ein alter *dativus finalis (dat. fin.)* und steht nur nach Adjektiven.

Beispiele:

Sinnspruch (Hexameter)
Áspera pérpessú sempér iucúnda relátu.
Was schwer zu erdulden, ist immer angenehm zu berichten.

Wörter: asper, -era, -erum – rauh; perpetior, perpessus sum, perpeti – erdulden, durchstehen (zu patior).

Eine andere Fassung:
iucundi acti labores — angenehm sind erledigte Mühen
acta res — eine Sache, die erledigt ist
Wilhelm Busch: Gehabte Schmerzen, die hab ich gern.

Das Gerundium

25 Das *gerundium* vertritt den substantivierten und deklinierten Infinitiv.

vivere – (das) Leben; vivendi – (des) Lebens; vivendo – (dem) Leben; (bei Präpositionen ad vivendum!); vivendo – (durch) das Leben. (Siehe auch dicendi im Beispiel bei 23.)

Merke: participia, gerundivum, gerundium und supinum behalten den Wert eines Verbs und haben kein Adjektiv und keinen Genitiv bei sich, sondern Adverbien und Objekte.

bene faciens — der gut handelnde
bonum faciens — der Gutes tuende
beate vivendi — des glücklichen Lebens
(eigentlich: glücklich lebens)

paratum arma — zum Bereiten der (wörtl. die) Waffen
(häufiger: ad arma paranda)

Auch die sonst einfachen *participia coniuncta* sollten gelegentlich in ihrer logischen Funktion im Deutschen verdeutlicht werden.

Dionysius tyrannus Syracusis *expulsus* Corinthi pueros docebat. — Der Tyrann Dionysos unterrichtete, nachdem er aus Syrakus vertrieben war, in Korinth Knaben. *(temporal)*

Sinnspruch
Amicitia et secundas res splendidiores facit et adversas *partiens communicansque* leviores. — Freundschaft macht Glück glänzender und Unglück leichter, da sie es teilt und mitträgt. *(causal)*

Ut oculus, sic animus se non *videns* alia cernit. — Wie das Auge, so erkennt auch der Geist anderes, obschon er sich selbst nicht erkennt. *(concessiv)*

Ne mente quidem recte uti possumus multo cibo et potione *completi*. — Nicht einmal unseren Verstand können wir recht gebrauchen, wenn wir mit Speise und Trank gefüllt sind. *(conditional)*

Leonidas pro patria fortissime *pugnans* occiditur. — Leonidas wird erschlagen, indem er tapfer für das Vaterland kämpft. *(modal)*

Nur das *part. perf. pass.* kann als *verbum* und *substantivum* gebraucht werden.
Bene factum = bonum factum — die gute Tat

26 Die Formen *moribundus, furibundus* u. ä. sind dem *part. praes.* gleichzusetzen *(moriens, furens)*.

Hinweise zur Formenlehre

Besonderheiten bei den Verben

Bei den Verben verwirren den Schüler oft die Kurzformen.

27 Im *perfectum activum (perf. act.)* können die *-evi, -avi*-Formen kontrahiert werden
vor *-s* und *-r*, also *cogitasti (cogitavisti), cogitarunt (cogitaverunt), deleram (deleveram), delesse, cogitasse*.
Bei *-ivi* wird einfach zu *-i* kontrahiert, also *audisset, audisse*.

Das gilt auch für Wörter wie *crescere* und *cernere*, die das perf. *crevi* bilden. (Siehe 175)
Beispiele: Liv. III 45, 5 und Liv. XXX 13, 12

lictor *decresse* ait	Der Liktor sagte, (er, der Richter) habe entschieden.
conquiesse (von conquiescere)	sich beruhigt zu haben

28 Die Endung *-ris* (im *imperativus* sowieso zu *-re* verkürzt, z. B. laetare – freu dich) kann auch sonst zu *-re* verkürzt werden, also *videre* statt *videris* (du scheinst), und zwar trotz der Verwechslungsgefahr mit dem Infinitiv: videaris zu videare, videbare (statt: videbaris), viderere (statt: videreris) usw. Beispiel: Liv. XXVIII 4, 2

multmum interest, alienos *populere*	Es ist ein großer Unterschied, ob du fremdes Gebiet
fines an tuos uri videas	verwüstest oder zusiehst, wie (daß) dein eigenes verbrannt wird.

29 Die *3. Person pl. perf. act.* kann nicht nur durch die Kontraktion von *-evi, -avi* verkürzt werden *(delerunt)* sondern auch durch Schwächung der Endsilbe *-erunt* zu *-ere*, also *delevere*. (Eine Doppelverkürzung zu *delere* gibt es nicht.)

ancoras *iecere*	sie warfen Anker

Dagegen wird dieselbe Endung *-erunt* auch bei Verben der konsonantischen Konjugation gekürzt, also *legerunt* zu *legēre*, was die Verwechslung mit dem Infinitiv noch mehr herausfordert. (Siehe auch *decepēre* im Beispiel bei 66.)

Besonderheiten bei den Substantiven und Adjektiven

30 Erscheint im *genitivus* doppeltes *-i*, wird häufig kontrahiert, also *ingeni* statt *ingenii*.

ingeni sollertia	Anstelligkeit des Geistes

i steht im *Abl. sg.* bei Adjektiven der i-Dekl.; e dagegen bei Partizipen. Ob eine Form noch als Partizip oder schon als Adjektiv gilt, liegt nicht immer fest (vgl. Text 4, Wort 41 affluenti).
Für Substantive und Adjektive der konsonantischen Deklination (also ohne i im *abl. sg., nom. gen. acc. pl.*) gilt folgender Merkvers:

Die alten Eltern	(senex, vetus, parentes, pater, mater)
der junge Bruder	(iuvenis, frater)
der reiche Fürst	(dives, princeps)
der arme Hund	(pauper, canis)

31 Im *vocativus* enden Namen auf *-ius* auf *-i*, also *Antoni, Hortensi* (statt Antonie, Hortensie). (Siehe Text 22, Wort 83.)

32 Einen willkommenen Hinweis für Herübersetzer ist oft die Endung *-is* statt *-es* der i-Deklination, die einen acc. pl. verrät (s. Text 8, Wort 113 und 116).

| complures civis (wen?) | mehrere Bürger |
| omnis homines | alle Menschen |

(Leider steht häufig complures cives und omnes homines, auch im *acc.*)

Besonderheiten der Pronomina

33 Alle *pronomina* haben im *genitivus singularis (gen. sg.)* -ius, im *dativus (dat.)* -i, teils mit langem, teils mit kurzem -i, also mihi, tibi, cui, huic, cuius, huius.
Die Possessivpronomina auf *-us* und die von ihnen entlehnten Genitive *mei, tui, nostri, vestri* bilden die Ausnahme.

34 Merke daher die Regel:

**unus, solus, totus, ullus,
uter, alter, neuter, nullus:
diese Wörter haben alle
-ius in dem zweiten Falle,
und im dritten enden sie
wie alii mit langem -i.**

35 *alius* selbst kann im *genitivus* nicht einfach *-ius* haben, sonst würden *nominativus* und *genitivus* gleich enden. Es entleiht daher den *genitivus* von *alter*. Also lautet der singularis:

alius vir
alterius viri
alii viro
alium virum
alio viro

36 Erstarrte Fälle dienen oft als Pronominaladverbia (siehe Tabelle 45). Auch andere erstarrte Formen werden als Adverbia gebraucht, so wird z. B. aus dem Akkusativ der Beziehung (s. 63): *ceterum* – übrigens, *partim* – teils (dazu aus Verbalsubstantiven *sensim, statim*), *confertim* – dichtgedrängt; aus dem *ablativus: subito, auspicato* usw. Im Übergang zum Adverb befindet sich der *abl. temp. initio* – anfangs (siehe Text 2, Wort 162).

Altertümliche Formen bei pronomina, substantiva und verba

37 *qui* wird bei Sallust oft altertümlich dekliniert; die Formen lauten:
qui, quoius (cuius), *quoi* (cui), *quem, quo*
dat. pl. *quis* (quibus)
(Siehe auch Text 5, Wort 155 und 170)
Die Konjunktion *cum* erscheint bei Sallust oft als *quom*.

38 Andere altertümliche Formen sind *-os* statt *-us* (strenuos als nom. sg.); *maxumus, validissumus* u. a.; *-os* statt *-or (honos* statt *honor); voltus* und *volnus* statt *vultus* und *vulnus; vorsus* statt *versus* (mit den Abkömmlingen *advorsus* und *convorsus), vortere; voster* statt *vester*.

39 Gelegentlich taucht in feierlichen Texten der alte genitivus *-um* der o-Deklination auf: *deum* statt *deorum (der Götter).* – Man sollte sich nicht daran stören, wenn keine Assimilation verwendet wurde, z. B. bei – *conlega (collega), adsimilare, conlocare* u. a.

Besonderheiten in Bedeutung und Gebrauch der Pronomina und Pronominaladverbia

40 Faustregel für die Bedeutung der *pronomina indefinita*:

**quisque heißt jeder
quidam heißt ein gewisser
Alle anderen (aliquis, quilibet, quivis, quispiam, quisquam, ullus) können ohne Schaden mit irgendeiner wiedergegeben werden.**

41 *-que*, angehängt an ein Fragepronomen oder Frageadverb, bezieht alle denkbaren Antworten ein, also:
Quis fecit? Quintus an Marcus an Manius?
Antwort: quisque – jeder (also alle drei können in Frage kommen).

Nach diesem Schema ist auch die Tabelle 45 durchzusehen, z. B.:

ubi? – wo?	Antwort: ubique – überall
uter? – welcher, welcher von beiden?	Antwort: uterque – jeder von beiden
unde? – von wo?	Antwort: undique – von allen Seiten
quo? – wohin?	Antwort: quoque – nach allen Seiten

**Merke: quique heißt adjektivisch gebraucht jeder
Verwechslungsgefahr mit quique
= et qui – und derjenige, welcher.**

42 Soll ein *pronomen relativum (pron. rel.)* verallgemeinert werden, wird es verdoppelt *(quisquis – wer auch immer)* oder es wird *-cumque* angehängt *(quicumque – wer auch immer)*. Dies gilt auch für *ubicumque, undecumque, quocumque, utcumque* (wo-, woher-, wohin-, wie auch immer).

43 Die Zusammensetzung mit *ali-* + *k-Laut* (ursprünglich *qu*) bedeutet *irgend-*:

aliquis	irgendwer
alicubi	irgendwo
alicunde	irgendwoher
aliquo	irgendwohin

Fehlt der k-Laut, so bleibt die Bedeutung *anders*:

alibi	anderswo
aliunde	anderswoher
alio	anderswohin
	(Verwechslungsgefahr mit *alio*, abl. von alius).

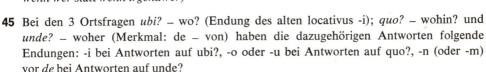

44 Merke:
Nach si, nisi, ne, num, quo, quando, cum
fällt der ali- um!

Also: si quis (statt si aliquis) usw. (Wie in lässigem Deutsch: *wenn wer* statt *wenn irgendwer*)

45 Bei den 3 Ortsfragen ubi? – wo? (Endung des alten locativus -i); quo? – wohin? und unde? – woher (Merkmal: de – von) haben die dazugehörigen Antworten folgende Endungen: -i bei Antworten auf ubi?, -o oder -u bei Antworten auf quo?, -n (oder -m) vor *de* bei Antworten auf unde?

ubi?	wo?	quo?	wohin?	unde?	woher? von wo?
ibi	dort	eo	dorthin	inde	von dort
ibidem	ebendort	eodem	ebendorthin	–	–
hic	hier	huc	hierhin	hinc	von hier
illic	dort	illuc/illo	dorthin	illinc	von dort
istic	da	istuc	dahin	istinc	von da
alibi	anderswo	alio	anderswohin	aliunde	anderswoher
alicubi	irgendwo	aliquo	irgendwohin	alicunde	irgendwoher
ubique	überall	quoque	überallhin	undique	von überall her
		utroque	nach beiden Seiten	utrimque	von beiden Seiten

46 Ergänzend dazu tritt (besonders im Relativsatz) die Form *qua* (ergänze *via* oder *parte*): *auf welcher Seite, auf welchem Wege*. Dem entspricht das Demonstrativpronomen *ea*; dazu passen die Antworten *laeva, sinistra, dextra*, wozu *via, parte* oder *manu* zu ergänzen ist (linker, rechter Hand).

47 Ein manchmal vertrackter Unterschied zwischen Latein und Deutsch betrifft den substantivierten Gebrauch der *adiectiva* und *pronomina*. Wir sagen *das Schöne*, aber *die Schönen* sind immer Personen. Der Lateiner bevorzugt den *pluralis neutri*. Nun sind *omnia* und *quae* schnell mit *alles, was* übersetzt, aber in langen Sätzen verheddert man sich leicht in den zugehörigen *adiectiva* und *verba*. Wer unsicher ist, verwende zunächst Füllwörter (*alle Dinge* u. ä.). Manchmal ist die Unbestimmtheit des *pluralis neutri* auch für den gewandten Übersetzer schwer wiederzugeben.

Beispiele: Tac. ann. III, 1

Die Flotte mit der Asche des Germanicus läuft in Brindisi ein

... non alacri, ut adsolet, remigio, sed cunctis ad tristitiam compositis ...	... nicht mit munterem Ruderschlag wie üblich, nein, alles war auf Trauer abgestimmt ... (wörtl.: nicht mit munterem Ruderschlag, wie man pflegt, sondern bei allen [Dingen] auf Trauer geordnet ...)

Sinnspruch
Mala patienter ferre disce!   Lerne, Übel geduldig zu ertragen!

Grammatik: Verwechslungsgefahr! mala könnte in anderem Zusammenhang Äpfel heißen.

Sinnspruch (Hexameter)
Quaé culpáre solés
eá ne féceris ípse.   Was du zu tadeln pflegst, das tu nicht selbst.

Wörter: culpare – (als Verschuldung culpa) – tadeln, anklagen;
Grammatik: ne feceris – prohibitivus (s. 112).

Kasuslehre

Der Lateinschüler ist anfangs entsetzt über die vielen Benennungen der Fälle (*ablativus separativus, ablativus mensurae* usw.). Er sollte sich klarmachen, daß sie ausschließlich dem Übersetzen dienen, denn die Funktion der Fälle umfaßt im Lateinischen meist ein wesentlich größeres Gebiet als die deutschen Fälle. Es bleibt kein anderer Weg, als dem Lateinischen *nach*-zudenken. Darüber hinaus vermittelt die Kenntnis der grammatischen Fachausdrücke auch einen gewissen Wortschatz.

Daß auch der Römer ein Gefühl dafür hatte, daß in seiner Sprache nicht *genitivus = genitivus* ist, beweist die verschiedene Handhabung bei Substantiven, Personal- und Possessivpronomen (siehe 97–102).

Die Fälle können attributiv (bei Substantiven und Adjektiven) auftreten; sie können aber auch Teile des Prädikats bilden (z. B. mit esse). Wahrscheinlich gehen alle Fälle ursprünglich auf ganz einfach räumliche Angaben zurück. Wir beginnen deshalb mit den drei Ortsfällen.

Die Ortsfälle und ihre Sprößlinge

48 Auf die drei „normalen" Ortsfragen (vgl. 51) stehen die Normalantworten:

ubi?	wo?	Antwort: *in* beim ablativus *locativus* (Ortsfall)
quo?	wohin?	Antwort: *in* beim accusativus (Richtungsfall)
unde?	woher?	Antwort: *ex* beim ablativus separativus (Trennungsfall)

Beispiel: Caes. B. G. I, 43

Cäsars Unterredung mit Ariovist; mehrere Orts- und Zeitbestimmungen im Zusammenhang

Planities erat magna et *in ea* tumulus terrenus satis grandis. Hic locus *aequum* fere *spatium* a castris Ariovisti et Caesaris aberat. Eo, ut erat dictum, ad colloquium venerunt. Legionem Caesar, quam equis devexerat, passibus CC ab eo tumulo constituit, item equites Ariovisti *pari intervallo* constiterunt. Ariovistus, *ex equis* ut colloquerentur et praeter se denos ad colloquium adducerent, postulavit. Ubi eo ventum est, Caesar *initio orationis* sua senatusque in eum beneficia commemoravit.

Es war da eine große Ebene und in ihr ein hinreichend großer Erdhügel. Dieser Punkt war etwa gleichweit vom Lager Ariovists und Cäsars entfernt. Dorthin kamen sie zur Unterredung, wie ausgemacht (gesagt war). Cäsar stellte seine Legion – er hatte sie absitzen lassen (welche er von den Pferden gezogen hatte) – 200 Doppelschritt von diesem Hügel auf; ebenso machten die Reiter Ariovists in gleichem Abstand Halt. Ariovist verlangte, die Unterredung solle zu Pferd stattfinden (daß sie von den Pferden aus sprechen sollten) und sie sollten außer sich je 10 (Mann) zur Unterredung mitbringen. Als man dahin gekommen war, erwähnte Cäsar eingangs seiner Rede sein und des Senats Entgegenkommen (Wohltaten) ihm gegenüber.

(Der Senat hatte Ariovist ausdrücklich als socius und amicus anerkannt, und zwar auf Antrag Cäsars! Cäsar hatte die 10. Legion auf Pferde gesetzt, weil Ariovist Reiter verlangte: er fürchtete die schwere Infanterie mehr als die schlecht beleumundete römisch-gallische Reiterei.)

Wörter: grandis, -e – groß; spatium, -ii n. – Abstand, Zwischenraum; colloquium, -ii n. – Unterredung (zu *colloquor, -locutus sum, -loqui* – sich unterreden); deveho, -vexi, -vectum, -vehere – abziehen (auch: schleppen); item – ebenso (Verwechslungsgefahr! *idem* – derselbe); par – gleich; intervallum, -i n. – Zwischenraum (zu constituit und constiterunt, s. 179); ubi = ubi primum (s. 229).

Grammatik: in ea – *locativus*; aequum spatium – *accusativus* (s. 59); eo – siehe 45; equis – *separativus* (s. 53); passibus – *locativus* (s. 53); ab bei *abl. sep.* (s. 76); pari intervallo – *locativus* (s. 53); ex equis – *ex* bei *abl. sep.* (vom Pferd aus); initio (s. 54); in eum – *accusativus* (gegen ihn); sua senatusque – *poss. pron.,* aber dann *gen.* (s. 98).

Die scheinbar komplizierten Regeln über Städte und kleine Inseln (sie werden als Gemeinden betrachtet und Städten gleichgestellt) lauten nun sehr einfach.

49 Bei Städten und kleinen Inseln bleiben *in* und *ex* weg. Also:

Athenis	in Athen	Carthagine	in Karthago
Athenis	von Athen	Carthagine	von Karthago
Athenas	nach Athen	Carthaginem	nach Karthago

50 Der *locativus* sieht im *singularis* der Städtenamen der -*a*- und -*o*-Deklinationen aus wie ein *genitivus*, sonst wie ein *ablativus*.

Romae	in Rom	Rhodi	in Rhodos
Roma	aus Rom	Rhodo	von Rhodos
Romam	nach Rom	Rhodum	nach Rhodos

Der Lateiner kann bei Ortsfragen aber auch überraschen. Wir würden im folgenden Text *in* und nicht *von* Agrigent sagen.

| Verres magnam vim vasorum Corinthiorum ex omnibus aedibus sacris abstulit *Syracusis;* idem *Agrigento* ex fano Scipionis monumentum sustulit. | Verres trug in Syrakus eine große Menge Bronzegefäße aus allen Tempeln weg; ebenso (wörtl. derselbe!) in Agrigent aus einem Heiligtum das Denkmal Scipios. (Der Tempel Scipios – grammatikalisch möglich – würde eine Gotteslästerung bedeuten.) |

Wörter: magna vis – eine große Menge (s. 232); vasa Corinthia – Bronzegefäße (wofür Korinth bekannt war); aedes sacrae – Tempel, im pl. ohne sacrae aedes, -ium f. – Haus (s. 163); fanum, i. n. – Heiligtum (Gegensatz profan – unheilig, d. v. vor dem Heiligtum); tollo, sustuli, sublatum, tollere – aufheben (hier: um es wegzutragen).

51 Als nicht normale Ortsangaben verstehen wir die nicht ganz exakten Angaben *aus der Gegend von Rom (a Roma); in die Gegend von Rom (ad Romam); in der Gegend von Rom (ad Romam).*

Aus den Samniterkriegen der römischen Frühzeit

Consul *a Sora in Samnites* profectus exercitum recta *ad Feritrum* perduxit.	Der Konsul brach von der Gegend von Sora ins Gebiet der Samniter auf und führte das Heer geradewegs in die Gegend von Fer.

Grammatik: proficiscor, -fectus sum, -sci – aufbrechen, marschieren (Verwechslungsgefahr! proficere; profecto = pro facto – tatsächlich); recta, ergänze via (s. 46).

Daß *abl.* und *gen. loc.* den gleichen Fall darstellen, beweist z. B.:

Antiochiae, urbe celebri, ...	in Antiochia, einer volkreichen Stadt

52 Daß der *locativus* ohne *in* auch sonst gelegentlich vorkommt (z. B. regelmäßig bei *locus* und *totus*), daß alle drei Ortsfälle in festen Wendungen ohne Präpositionen stehen können, verrät, daß der Fall ursprünglich das Wichtigere war und die Präpositionen nur erläuternd hinzukamen. Beispiele:

domi, domo, domum; ruri, rure, rus; humi, belli domique usw.

Equites, ut ab imperatore iussi erant, *omnibus locis* vagabantur.	Wörter: vagari – umherschweifen Grammatik: omnibus locis – abl. loc.; vagabantur: imp. dur. (längere Dauer, s. 104).
Cicero *primo libro* Tusculanarum disputationum egit de morte contemnenda.	Cicero befaßte sich im 1. Buch der Gespräche in Tusculum mit der Verachtung des Todes.

Wörter: Tusculanae disputationes – Gespräche in Tusculum (eine Schrift Ciceros); contemno, -tempsi, -temptum, -temnere – verachten; agere – handeln (eigentlich: treiben); Grammatik: primo libro – *abl. loc.* ohne *in*; contemnenda – *gerundivum* (s. 23).

Lebensregel Multi aliquantum interesse obliviscuntur, utrum *suae an alienae domi* versentur. (= in sua an aliena domo!)	Viele vergessen, daß ein bißchen ein Unterschied ist, ob sie sich im eigenen oder in einem fremden Haus aufhalten.

Wörter: obliviscor, oblitus sum, oblivisci – vergessen (Verwechslungsgefahr! oblino, oblevi, oblitum, oblinere – beschmieren); interest – es ist ein Unterschied (s. 102), aber auch es liegt im Interesse; domi – *locativus*, behandelt wie ein *genitivus*, der doch *domus* hieße; versari (zu vertere) – sich aufhalten (s. 152).
Grammatik: aliquantum interesse – a. c. i. (s. 125); versentur – coni. d. ind. Frage (s. 115).

53 Es ist nur logisch, daß der *separativus* auch bei Präpositionen, Verben und anderen Ausdrücken steht, die (wenigstens ursprünglich) eine Trennung oder ein Getrenntsein (Mangel), ein Bedürfnis bedeuten.

mihi *tua* auctoritate opus est *equis* devehere	ich brauche dein Ansehen (als Hilfe) vom Pferd (absitzen lassen) ziehen

Dazu gehören nach lateinischer Auffassung auch *verteidigen, schützen vor* wie *tueri ab, defendere ab, tutus ab, munitus ab.* Ausnahme:

desiderio indigentium *auxilii* tardius cuncta movebantur	Alles ging langsamer, als sich die Hilfsbedürftigen wünschten. (Wörtl. alles bewegte sich langsamer als der Wunsch der Hilfsbedürftigen)

Die drei Ortsfälle übertragen ihre Funktionen auch auf andere naheliegende Gebiete.

54 Der *locativus* gibt nicht nur den räumlichen, sondern auch den zeitlichen Punkt an (Frage: quando? wann?) *abl. temp.*, und zwar ohne *in*. Wird *in* gesetzt, so ist meist gemeint *im Verlauf von*.

55 Der separativus steht als Vergleichsfall *(ablativus comparativus)* beim Komparativ statt *quam* mit *nominativus* oder *accusativus*. (Nach *plus, minus* können nom. und acc. allerdings auch stehenbleiben ohne quam.) Der *abl. comp.* geht auf folgende Vorstellung zurück:
comparare heißt zusammenstellen – so wie die beiden Strecken x und y hier.

x .... von x weg (gerechnet) ist y größer
y ....

Das ist die Voraussetzung eines Vergleichs; daher die Bedeutungsübertragung: vergleichen. Beispiele:

Caius *Marco* maior est	(Caius ist von Marcus aus größer) Caius ist größer als Marcus
Tota Graecia nemo sapientior fuit *Socrate*.	In ganz Griechenland war niemand weiser als Sokrates.
Amicitia nescio an nihil melius homini sit a deis immortalibus datum.	Vielleicht ist dem Menschen nichts Besseres von den unsterblichen Göttern verliehen worden als die Freundschaft.

Wörter: melior – comparativus zu bonus.
Grammatik: *nescio an* (s. 205) ist formelhaft als *vielleicht* wiederzugeben; es leitet normalerweise einen indirekten Fragesatz ein, kann aber so abgeschliffen sein, daß es sogar im Hauptsatz mit *indicativus* steht oder gar nur bei einem einzelnen Wort.

Im folgenden Beispiel ist der *abl. comp.* in einem Relativsatz.

Horatius, *quo* praestantiorem poetam Roma non tulit, Maecenati amicitia coniunctus erat.	Horaz, der beste Dichter, den Rom hervorgebracht hat, war Mäcenas in Freundschaft verbunden. (Wörtl. Horaz, von dem aus gerechnet einen hervorragenderen Dichter Rom nicht hervorgebracht hat ...)

Wörter: praestans – hervorragend; Maecenas, -tis m. – Freund des Augustus.

Der Numiderkönig Syphax ist in einem Reitergefecht verwundet und gefangen und zu Scipios Legat Lälius gebracht worden. Bei den Numidern folgt Panik.

Liv. XXX 12, 4–5

Caedes in eo proelio minor quam victoria fuit, quia equestri tantummodo proelio certatum fuerat: non *plus quinque milia* occisa, *minus dimidium* eius hominum captum est, impetu in castra facto, quo perculsa rege amisso multitudo se contulerat.	Das Gemetzel war in diesem Gefecht geringer als der Sieg, da nur in einem Reitergefecht gekämpft worden war: nicht mehr als 5000 wurden getötet (!), weniger als die Hälfte davon an Leuten wurde gefangen nach einem Sturm auf das Lager (bei gemachtem Sturm), wohin die niedergeschlagene Menge nach dem Verlust des Königs sich geflüchtet (begeben) hatte.

Wörter: is, ea, id (2mal!) vgl. 200; caedes, -is f. – Gemetzel (172); tantummodo (s. 224); occido, -cidi, -cisum, -cidere – niederhauen (zu *caedere,* nicht zu *cadere*); dimidium, -ii n. – Hälfte; quo (s. 45); percello, -culi, -culsum, -cellere – niederschmettern; amittere (s. 204); se conferre – sich begeben (178).

Grammatik: equestri proelio – abl. instr. (s. 69). Beachte *minor quam*, aber *plus, milia, minus, dimidium* ohne *quam*.

56 Als Vergleichsfall steht der *abl. sep. comp.* auch bei den Präpositionen *pro* und *prae* (weiter vorn als) also: prae exercitu – vorn vom Heer aus gerechnet, daher praeitor (dann praetor): der Vorangeher, der Heerführer. Auch der Ausdruck prae se ferre – vor sich hertragen (an den Tag legen) gehört hierher.

57 Von hier aus lassen sich weitere Bedeutungsentwicklungen verfolgen, so zu *prae* als Ausdruck des hindernden Grundes.

prae lacrimis loqui non poterat	vor Tränen konnte er nicht sprechen (die Tränen waren vor ihm, liefen ihm den Rang ab usw.)

58 Bei *pro* erfolgt gleich eine ganze Reihe von Übertragungen. *pro* bedeutet zunächst davor, mit dem Rücken zugewandt (Gegensatz: *ante*).

pro femina kann heißen:	vor der Frau (stehen, gehen) für die Frau (eintreten) anstelle der Frau (handeln) wie eine Frau (einschätzen) als Frau (behandeln)
pro amico habere	als Freund betrachten

Hannibal *ante* portas (niemals *pro* portis). Dagegen Hor. II 2, 13: *pro* patria mori; Caes. B. G. I 26 (Helvetii) pro (anstelle, als) vallo carros obiecerant.

Caes. B. G. I 2: Helvetii *pro* (entsprechend) multitudine hominum et *pro* gloria belli atque fortitudine angustos se fines habere arbitrabantur.

Caesar legiones *pro* castris constituit.	Cäsar stellte die Legionen vor dem Lager auf.

Aus der griechischen Sage:

Alcestis *pro* Admeto marito mori non dubitabat.	Alkestis zögerte nicht, für ihren Gatten Admet zu sterben.

Aus dem 2. Punischen Krieg:

Hannibal omnes socios Romanorum quoscumque ceperat, sine pretio reddidit se propterea in Italiam pervenisse professus, ut *pro* eorum libertate contra Romanos pugnaret.	Hannibal gab alle Bundesgenossen der Römer, welche auch immer er gefangen nahm (genommen hatte), ohne Lösegeld zurück, indem er öffentlich sagte, er sei (deshalb) nach Italien gekommen, um für ihre Freiheit gegen die Römer zu kämpfen.

Wörter: quicumque – s. 42; pretium, -ii n. – Preis, (hier) Lösegeld (Merkwort: gen. und abl. pretii); propterea – s. 64; profiteor, -fessus sum, profiteri – öffentlich sagen (Merkwort: Professor).
Grammatik: professus: auch Präsensbedeutung (22).

Pro beneficiis acceptis gratiam non referre turpe est.	Für erwiesene Wohltaten sich nicht erkenntlich zu zeigen, ist schändlich.

Wörter: gratiam referre – Dank abstatten (s. 195) (Verwechslungsgefahr! *gratias agere*); turpis, -e – schimpflich.

Cave eum *pro* amico habeas, quem tibi praesenti blandiri non pudeat.	Hüte dich, den zum Freund zu haben, der dir in deiner Gegenwart zu schmeicheln sich nicht schämt.

Wörter: caveo, cavi, cautum, cavere – sich hüten; pudet me – ich schäme mich; blandiri – schmeicheln.
Grammatik: habeas – *coniunctivus* ohne *ne* (s. 9); eum, qui (b. *coni.*) – konsekutivischer Sinn (s. 124), also *is* – solcher (vgl. 200).

Rex iuvenis *pro* mortuo ex acie ablatus est.	Der junge König wurde als tot aus der Kampflinie getragen.

59 Der *accusativus* gibt schließlich die *Ausdehnung im Raum* (wie lang?, wie hoch? wie breit?, wie weit?) und in der Zeit (wie lange?) an, fast wie im Deutschen.

In den Zeitbestimmungen ist der Lateiner keineswegs so festgelegt, wie die Schulgrammatik es erscheinen läßt. Er kann *wann?* fragen, wo wir *wie lange?* erwarten würden u. ä.

Metellus in eisdem castris *quadriduo* moratus est.	Metellus blieb 4 Tage im gleichen Lager.

Wörter: morari – verweilen; quadriduum – Zeitraum von 4 Tagen.
Grammatik: quadriduo – wir würden quadriduum erwarten.

Roscius Romam *multis annis* non venit.	Roscius kam in vielen Jahren nicht nach Rom. (wir erwarten eigentlich viele Jahre lang).

Eine besondere Zeitangabe:

de tertia vigilia u. ä.	um die 3. Nachtwache

60 Der *accusativus* gibt ferner die *Richtung* einer Handlung an: das Objekt. Die Handlung geht dabei (mindestens in der Vorstellung) vom Subjekt auf das Objekt über; deshalb heißen die Verba mit Akkusativ *transitiva*, die anderen *intransitiva*.

61 In Sonderfällen werden dabei zwei Objekte addiert zu einem *doppelten Akkusativ*, z. B.

Ciceronem creare + Consulem creare	Cicero wählen + einen Konsul wählen
Ciceronem consulem creare	Cicero zum Konsul wählen

62 Dazu kommt alsbald die *logische Richtung*, die Beziehung – *accusativus Graecus* genannt, weil durch den griechischen Einfluß neu belebt.
Bei den *pronomina* ist er auch vor dem griechischen Einfluß durchaus üblich. Der *accusativus Graecus* ist besonders häufig bei den verba affectus (der Gemütsbewegung).

id gaudeo (de ea re gaudeo)	ich freue mich in dieser Hinsicht

Daß maerere usw. also auch gelegentlich mit acc. steht, ist daher nicht verwunderlich. Auch erklärt sich so mancher vom Deutschen her unverständliche doppelte Akkusativ, falls man annimmt, einer davon sei ein Akkusativ der Beziehung. Milesios navem poscere – (die Milesier auffordern betreffs eines Schiffes) von den Milesiern ein Schiff fordern.

63 Vom Akkusativ der Beziehung aus kann man sich auch die merkwürdige Erscheinung erklären, daß die meisten Präpositionen auf die Frage wo? und wohin? beim *gleichen Fall* (acc.!) stehen. Die Präpositionen sind ursprünglich Orts- und Zeitadverbien. *post* heißt also eigentlich *dahinter, danach*. Denken wir uns den zugehörigen Akkusativ als Fall der Beziehung, lautet die Antwort auf beide Fragen gleich:

wo?   dahinter (in Beziehung auf die Türe)
wohin? dahinter (in Beziehung auf die Türe). Ebenso bei *ante* u. a.

64 Das Schwanken zwischen den Funktionen des Adverbs und der Präposition hat zur Folge gehabt, daß man gelegentlich ein neues, zusammengesetztes Adverb bildete:

postea   nachdem   aus: post – ea
antea   vordem
praeterea außerdem
interea   inzwischen
propterea wegen-dem (deshalb)

Daneben bleiben aber die alten Formen im Gebrauch, besonders wenn sie durch einen *ablativus mensurae* (abl. mens.) (s. 70) ergänzt sind, etwa *paulo post, paulo ante*. Das Nebeneinander von *post* und *postea (ante-antea)* wiederholt sich im Zusammenspiel mit quam. Es gibt also postquam, antequam, posteaquam, aber auch post...quam, ante...quam und postea...quam, antea...quam (auf Haupt- und Nebensatz verteilt) = ehe, bevor.

antea Romam venit, *quam* Cicero expulsus est.	Er kam nach Rom, ehe Cicero verbannt wurde.
Non est *ante* edendum, *quam* fames imperat.	Man soll nicht essen, ehe es der Hunger verlangt.

Wörter: edo, edi, esum, edere – essen; fames, -is f. – Hunger (Verwechslungsgefahr! fama – Gerede).
Grammatik: edendum – gerundivum (s. 23).

65 Es stört den Übersetzer meist wenig, daß der Lateiner oft *anders fragt* als der Deutsche: Er setzt sich auf *dem* Stuhl, kommt *nach* Rom und *auf das* Forum *zusammen*.

Beispiele:

Cicero totum animum atque curam *in servanda re publica* posuit.	Cicero richtete Sinn und Sorge auf die Erhaltung der Republik.

Wörter: res publica: Cicero versteht unter einer richtigen „res publica" fast immer die libera res publica (Republik); totum – Kongruenz, siehe 15.

Omnes spem *in fuga* posuerunt.	Alle setzten die Hoffnung auf Flucht.
Cum rex *in urbem* advenisset, magna hominum vis in forum convenit.	Als der König in der Stadt angekommen war, strömte eine große Volksmenge auf dem Forum zusammen.
Imperator omnes copias *in unum locum* contraxit.	Der Feldherr zog alle Truppen an einem Punkt zusammen.

66 Dagegen ist die Vertauschung der Fragen *wo?* und *woher?* oft ernsthaft irreführend: *a tergo* heißt nicht *vom* Rücken, sondern einfach *hinten*; a dextra – rechts; ex capite laborare – an Kopf(weh) leiden.

Beispiele:

Ex Ponto Euxino per Bosporum naviganti *a sinistr*a Bithynia, *a dextra* Constantinopolis.	Für den, der aus dem Schwarzen Meer durch den Bosporus fährt, (liegt) links Bithynien, rechts Konstantinopel.

Grammatik: naviganti: sogenannter *dativus iudicantis* (zu dat. comm.), gibt den Standpunkt an, von dem aus geurteilt wird; sinistra, dextra: ergänze manu (siehe 46).

Britannia a septentrionibus Scotiam, *a meridie* fretum Gallicum attingit.	Britannien berührt im Norden Schottland, im Süden den gallischen Meerbusen (Ärmelkanal).

Wörter: septentriones, -um f. – Siebengestirn (eigentlich 7 Dreschochsen; trio – Dreschochse); fretum, -i n. – Meerbusen (Verwechslungsgefahr! fretus – vertrauend bei *abl. instr.*, s. 69); meridies, iei m. – Mittag, Süden.

Carthago et *a terra* et *a mari* egregie munita est.	Karthago ist auf der Land- wie auf der Seeseite ausgezeichnet befestigt.

Wörter: egregius – ausgezeichnet (eigentlich aus der Herde).

An das Englische *(from the ceiling – von der Decke)* erinnern Wendungen wie

sagittae pendent *ex umero*	Die Pfeile (Köcher) hängen an der Schulter
a Jove incipere	mit Gott (Jupiter) beginnen

Flaminius in der von Hannibal gestellten Falle am Trasumenersee:

Liv. XXII 4, 4

Flaminius, cum *pridie solis occasu* ad lacum pervenisset, inexplorato *postero die* satis *certa luce* angustiis superatis postquam *in patentiorem campum* pandi agmen coepit, id tantum hostium, quod *ex adverso* erat, conspexit; *ab tergo* et super caput *decepere* insidiae.	Flaminius war am Tag zuvor bei Sonnenuntergang zum See gelangt. Am Tag darauf überwand man bei Morgengrauen, ohne aufgeklärt zu haben, die Enge. Als nun der Zug sich in offenerem Gelände zu entfalten begann, erblickte er nur den Teil der Feinde, der ihm gegenüber stand; im Rücken und in der Höhe täuschte der Hinterhalt (noch immer).

Wörter: occasus, -us m. – Untergang (von *cadere*); lacus, -us m. – See; inexplorato – ohne Aufklärung (erstarrter abl., s. 36); patēre – offenstehen (Verwechslungsgefahr patior); pando, pandi, passum, pandere – spreizen, ausdehnen, öffnen (dazu passus, -us m. – der Doppelschritt); tantum – nur (s. 224); decipio, -cepi, -ceptum, -cipere – täuschen (eigentlich wegschnappen); insidiae, -arum f. – Hinterhalt.
Grammatik: pridie, solis, occasu, postero die – *abl. temp.* (s. 54); coepit – *perf.*, (s. 107 dt. Plusquamperfekt) von coepio – beginnen; hostium – *gen. part.* (s. 92) zu id; ex adverso (wörtlich: zugewandt, gegenüber); decepere – Kurzform, s. 29.
(Wörtliche Übersetzung: Flaminius, nachdem er am vorhergehenden Tag bei Sonnenuntergang zum See gelangt war und nachdem der Zug ohne erfolgte Aufklärung am folgenden Tag bei hinreichend sicherem Licht nach Überwindung der Enge auf ein offeneres Gelände sich auszudehnen begann, erblickte nur das an Feinden, was gegenüber war; im Rücken und (seitlich) über dem Kopf täuschte noch der Hinterhalt.)

Liv. XXII 5, 6

ab lateribus montes et lacus, *a fronte* et *ab tergo* hostium acies claudebat.	... auf der Seite schlossen Berge und See, vorn und hinten die Schlachtreihe der Feinde (ein).

Wörter: latus, -eris n. – Flanke; frons, -tis f. – Stirn, Vorderseite (Verwechslungsgefahr! frons, -dis f. – Laub); lacus, -us m. – See.

Grammatik: Beachte die Kongruenz nach 15: claudebat ist Einzahl, weil acies das nächste Subjekt ist, nicht montes et lacus.

67 Zum Gebiet der Raumvorstellung gehört noch eine andere Eigentümlichkeit: *summus mons* heißt nicht nur der *höchste* Berg, sondern auch der höchste Teil des Berges, der *Gipfel*; also auch *medio colle – auf halbem Hang; in extrema insula – ganz außen an der Insel* (s. Text 1, Wort 134).

Der Soziativ

68 Von den drei Fällen, die im ablativus zusammengefallen sind, fehlt uns (neben *locativus* und *separativus*) noch der häufigste, der *sociativus*. Er drückt eine Gemeinsamkeit aus, am deutlichsten, wenn er mit *cum* auftritt: *cum amico loqui, cum hostibus pugnare, cum fide (gewissenhaft), cum silentio* (auch bloß *silentio – schweigend*). Vgl. abl. modi (74).

69 Ohne *cum* steht der *sociativus* als *instrumentalis* in der Regel beim Gebrauch von Werkzeugen: *gladio – mit dem Schwert; igni – durch Feuer.* Personen, die einer anderen Person gewissermaßen als Hilfsmittel dienen, brauchen ebenfalls kein cum. So steht zwar

consul *cum exercitu* profectus est   (... brach zusammen mit dem Heer auf)
aber:
consul oppidum *militibus* cinxit   (... schloß die Stadt mit Soldaten ein)

Hierher gehört auch der *ablativus* bei Verben wie *utor* und Adjektiven wie *fretus (im Vertrauen auf)*.

70 Zum *sociativus* gehört auch der *ablativus mensurae*. Er drückt das Maß aus, das einen Unterschied näher bestimmt.

paulo post   (durch) um ein weniges später (wenig später)
tribus annis maior natu   (durch) um 3 Jahre älter

Aus der naturwissenschaftlichen Diskussion

Satis docuisse videor, hominis   Ich glaube (scheine) hinreichend gezeigt (gelehrt)
natura *quanto* cetera omnia   zu haben, um wie viel des Menschen Natur alle
animalia anteiret.   übrigen Lebewesen übertrifft.

Wörter, anteire c. acc. – übertreffen (*acc.* von *ante* abhängig); (*coniunctivus*, weil ind. Frage, s. 115).
Grammatik: quanto – abl. mens.; videor – n. c. i. (s. 130).

71 Eine weitere Unterart ist der *ablativus causae (abl. caus.)*, auch vom *separativus* ableitbar.

labore fessus sum   ich bin (durch, wegen) vor Anstrengung erschöpft
maestus patris morte   traurig (durch) über den Tod des Vaters
gaudeo victoria   ich freue mich wegen (über, durch) des (den) Siegs.

Vgl. aber den *acc. der Beziehung*, besonders bei *pronomina* (62).

72 Gemeinsamkeit und Zusammengehörigkeit kennzeichnet auch den *ablativus qualitatis (abl. qual.): vir singulari industria –* (mit) von großem Fleiß. Vgl. aber die Überschneidungen mit 94. (Beispiele in Text 1, Wörter 17–29).

73 Dem *abl. qual.* schließt sich der *ablativus limitationis* (der Beschränkung) an, der eine Aussage auf ein bestimmtes Gebiet einschränkt (limitationis von limes – Grenzweg, limitare – begrenzen):

virtute par, fortuna dispar   an Tüchtigkeit gleich, an Glück ungleich

74 Reine Begleitumstände (also auch Gemeinsamkeit!) sind für den Lateiner Sitten, Gebräuche, Gesetze, Absichten *(ablativus modi)*.
more maiorum; eo consilio, ut (in der Absicht, daß);
recte atque ordine (richtig und nach der Ordnung). Das letzte Beispiel setzt Umstandswort und Begleitumstand gleich.

75 Begleitumstände gibt auch der berühmte *ablativus absolutus (abl. abs.)* an. Das beweisen Beispiele, in denen sich *abl. modi* und *abl. abs.* ablösen:

Sall. Jug. 99

cunctos strepitu, clamore, nullo subveniente, nostris instantibus, tumultu, formidine terror quasi vecordia invasit.   Bei dem Lärm, Geschrei, keinem Helfenden, unseren im Angriff (angreifenden), dem Durcheinander, dem Schrecken, ergriff alle Schrecken wie ein Wahnsinn.

Es ist ratsam, den *abl. abs.* womöglich (!) mit *bei* wiederzugeben – allerdings nur in der ersten Analyse. *Während* und *nachdem* legen den ungeübten Übersetzer zu schnell auf das Zeitverhältnis fest, wo vielleicht das Kausalverhältnis usw. gebraucht würde. Nichts ist schwerer, als eine scheinbar vollkommen gelungene Übersetzung zu korrigieren.

Beispiele: für den *abl. abs.*:

Sinnspruch

Crescente periculo crescunt vires.   Bei wachsender Gefahr wachsen die Kräfte. (Hölderlin: Wo aber Gefahr ist, wächst das Rettende auch. Aus: der Einzige)

Wörter: cresco, crevi, cretum, crescere – wachsen (s. 175); vires (s. 232).

480 v. Chr. besetzt Xerxes das von den Bürgern verlassene Athen.

Xerxes *interfectis sacerdotibus* Athenas incendio delevit.   Xerxes zerstörte Athen durch Brand, nachdem er die Priester getötet hatte. *(temporal)*

Homines omnis timoris expertes esse debent *deo* res humanas *moderante*.   Die Menschen müssen von Furcht frei sein, da Gott die menschlichen Schicksale (Dinge) lenkt. *(causal)*

76 Zum Schluß ein Merkvers über die Präpositionen mit *ablativus*:

**Du findest cum beim Soziativ
pro und prae beim Komparativ
beim Separativus sine, de
und dann das Trio ab, ex, de.**

Der Dativ

Der *dativus* steht auf drei deutsche Fragen, die fast ineinander übergehen. Nur der *dativus finalis* weicht deutlich etwas ab.

77 *dativus obiectivus (dat. obi.)* – wem?

liber mihi dedit	er gab mir das Buch
patri domus est	Vater hat ein Haus (dem Vater ist ein Haus)

78 Der *dativus commodi (dat. comm.)* – des Vorteils – bzw. *incommodi* – des Nachteils (Frage: für wen?) steht als Satzteil und bei Adjektiven.

Die Bezeichnung *dat. comm.* ist insofern nicht gerade günstig gewählt, weil ja nicht der Vorteil, sondern die Person, für die es ein Vorteil ist, im *dat. comm.* steht (cuĩ bono? wörtlich: für wen war es zum Vorteil? (erst dat. comm., dann dat. fin. nach 79).

79 Mit dem *dativus finalis (dat. fin.)* auf die Frage *wozu?* bezeichnet man den angestrebten Zweck, das Ziel *(finis)* einer Sache, einer Eigenschaft usw., z. B.:

locus castris idoneus	ein Platz, zum Lager geeignet (für ein Lager)
vitio dare, tribuere	als Fehler anrechnen
usui esse	zum Nutzen sein

80 Schwierigkeiten bereiten Verben, die abweichend vom Deutschen den Dativ bei sich haben, wie z. B. *favere, invidere* usw. Am besten sieht man sich beim Lernen und Einprägen dieser Verben von vornherein nach deutschen Ausdrücken um, die dieselbe Konstruktion verlangen, also:

invidere alicui	einem (scheel) hineinsehen (in seine Angelegenheiten)
persuadere alicui	einem einreden (von suavis: durch und durch angenehm machen)

Daraus ergeben sich:

mihi invidetur	mir wird (scheel) hineingesehen, ich werde beneidet
mihi persuadetur	mir wird eingeredet, ich werde überzeugt
mihi persuasum est	mir ist eingeredet worden, ich bin überzeugt
mihi persuasum habeo	ich bin fest überzeugt (ich habe als mir fest Eingeredetes)

Lerne also z. B. nicht *adiuvare – helfen*, sondern *unterstützen* (in beiden Sprachen mit *acc.*); dagegen *adesse – helfen, beistehen* (jeweils mit *dat.*).

81 Bei zusammengesetzten Verben steht bevorzugt der *Dativ*, wo wir den *Akkusativ* erwarten würden, sofern nicht von der Sache her der *abl. sep.* geboten ist. So etwa auch bei *instare, impendere, imminere cum dat.* (bevorstehen, drohen); *ob* beim *acc.* heißt wegen, in Zusammensetzungen jedoch bedeutet es *entgegen* und verlangt den *dat. obi.* Ausnahme: *mortem obire – sterben*.

82 Auch *Verben mit ante-, prae-* und anderen Vorsilben stehen meist mit *dat. obi.*
Zum Beispiel:
praeesse, praestare, praeficere; bei antecedere, antecellere schwankt der Sprachgebrauch (s. Text 1, Wort 119; Text 2, Wort 167).

83 Bei manchen Verben wechselt mit dem *casus* die Bedeutung. Nimmt man die Grundbedeutung und die Funktion des casus bewußt zu Hilfe, sind sie nicht so schwer zu durchschauen:

prospicere, providere aliquid	etwas voraussehen, vorsehen (besorgen)
providere, prospicere alicui	für jemanden vorsehen (sorgen)
militibus frumentum providere	für die Soldaten Getreide besorgen
consulere aliquem	jemand um Rat fragen, zu Rate ziehen
consulere aliquid	etwas beschließen
consulere alicui	(für jemanden beraten, Rat schaffen) sorgen

All das zeigt, wie bedeutsam es ist, Fälle zu verstehen.

Der Genitiv

Der *genitivus* bezeichnet die enge Zugehörigkeit.

84 Der *genitivus possessoris (gen. poss.)* bezeichnet den Besitzer einer Sache

domus patris	Vaters Haus
Ciceronis filius	Ciceros Sohn

Bei esse nimmt dieser gen. poss. die Bedeutung *es ist Aufgabe, Zeichen, Pflicht* an.

Sinnspruch

Cuiusvis hominis est errare;	Es ist menschlich (eines beliebigen Menschen
nullius nisi *insipientis* perseverare	Sache) zu irren; aber nur ein Tor beharrt im Irrtum
in errore.	(eines Törichten Sache, im Irrtum zu beharren).

Wörter: quivis – jeder beliebige (eigentlich: wer du willst); insipio, insipere – unweise sein (Gegenteil von *sapere* – schmecken, Geschmack haben); perseverare – durchhalten (zu *severus* – streng).

85 Der *genitivus qualitatis (gen. qual.)* bezeichnet die zugehörige Eigenschaft.

puer novem annorum   ein Knabe von neun Jahren

86 Der *genitivus subiectivus (gen. subi.)* bezeichnet das Subjekt einer Tätigkeit;

amor patris   die Liebe des Vaters (der Vater liebt)

87 Der *genitivus obiectivus (gen. obi.)* das Objekt einer Tätigkeit.

amor patris   die Liebe des Vaters (man liebt den Vater)

Besonders die beiden letzten können verblüffen. Nur der Zusammenhang entscheidet, ob *iniuriae sociorum* Übergriffe der Bundesgenossen oder gegen die Bundesgenossen bedeuten soll. Der Deutsche verwendet heute statt des *gen. obi.* durchweg Präpositionen (Liebe zum Vater). Zusammensetzungen wie Siegesfreude verraten, daß früher auch ein *gen. obi.* lebendig war.

88 Bei feststehenden partizipalen Ausdrücken setzt der Lateiner ebenfalls den *gen. obi.*, der Deutsche bevorzugt den *acc. obi.*:

amans, fugiens, patiens laborum   Anstrengungen liebend, fliehend, duldend

89 Folgender Merkvers faßt die Adjektiva noch immer am besten zusammen, die (ebenso wie ihr Gegenteil) den gen. obi. verlangen.

**begierig, kundig, eingedenk
teilhaftig, mächtig, voll**

90 Ebenso steht der *gen. obi.* häufig in beiden Sprachen bei den Verben und Adjektiven des Erinnerns und des Gerichtsverfahrens. Allerdings deckt sich der Gebrauch im einzelnen keineswegs: Wir sagen zwar sich einer Sache erinnern, des Todes schuldig, aber *capitis damnare, arguere, accusare* müssen wir mit Präpositionen wiedergeben.

91 Der *genitivus explicativus (gen. expl.)* dient der genaueren Bestimmung eines Begriffs.

nomen belli   das Wort Krieg
cognomen Iusti   der Beiname der Gerechte

92 Völlig fehlt im Deutschen der *genitivus partitivus (gen. part.)*, der im Lateinischen nach Mengenbezeichnungen ständig auftritt.

multum vini   viel Wein
satis eloquentiae   hinreichend(e) Beredsamkeit
magna vis auri   eine große Menge Gold(es)
quid consilii   (was von Rat) was für einen Rat, welchen Rat

Dazu kommen noch die Redensarten:

ubi terrarum   wo in aller Welt (an welchem Punkt der Länder)
eo superbiae processit   so weit im Hochmut (er ging nach dort, zu dem Punkt des Hochmuts)

Beispiel:

Die Habgier des Verres hat Sizilien mehr geschadet als die Punischen Kriege und der Sklavenaufstand (103 v. Chr.).

Cic. Verr. II 3. 54, 125

Tanto plus Verres cum Apronio provinciae Siciliae *calamitatis* importavit quam aut Hasdrubal cum Poenorum exercitu aut Athenio cum fugitivorum maximis copiis.	(Um) so viel mehr (an) Schaden hat Verres mit Apronius der Provinz Sizilien gebracht als (entweder) Hasdrubal mit dem punischen Heer oder Athenio mit den Massen der entlaufenen (Sklaven).

Wörter: calamitas, -tis f. Unglück; Athenio: Sklavenführer.
Grammatik: tanto – abl. mens. zu *plus*; provinciae Siciliae – *dat.* bei zusammengesetzten Verben (s. 81); calamitatis – gen. part. zu plus.

93 Eine besondere Ausdehnung erfährt der Gebrauch des *gen.* durch die Regel, daß von einem Substantiv kein *infintivus* abhängen darf.

cupidus praedandi	begierig, Beute zu machen
consilium proficiscendi	der Plan aufzubrechen

Ausnahmen: Ausdrücke wie *consilium capere* können als Verb betrachtet werden, so daß sie wie etwa *constituere* behandelt werden:

consilium cepit Romam proficisci	er faßte den Plan, nach Rom aufzubrechen

Überschneidungen

Bei der vielfältigen Ausdehnung der Fallfunktionen ist es nicht verwunderlich, daß es zu Überschneidungen kommt.

94 *sociativus* und *genitivus* treffen sich im *gen.* und *abl. qual.* Der geringfügige Unterschied im Gebrauch spielt für den Herübersetzer keine Rolle.

rex ingentis nominis	ein König von ungeheurem Ruf
vir magna fortitudine	ein Mann von großer Tapferkeit

95 Ebenso treffen sich *genitivus possessoris* und *dativus.* Hierbei ist ein leichter, jedoch entscheidender Bedeutungsunterschied zu beachten:

patri domus est	dem Vater (ist) gehört ein Haus (Vater ist im Blick)
patris domus est	dem Vater gehört *das* Haus (Haus ist im Blick)

**Merke:
imperatoris est**
es ist Aufgabe (Pflicht usw.) des Feldherrn

niemals imperatori est in dieser Bedeutung!

96 Auch kommen sich *abl.* und *gen. pretii* in die Quere. Zwar steht der Preis grundsätzlich als Mittel des Erwerbs im *abl. pretii* (als Unterart des *instrumentalis*). Daneben gibt es aber den *gen. pretii* bei folgenden unbestimmten Ausdrücken:

magni	*pluris*	plurimi
parvi	*minoris*	minimi
tanti	*tantidem*	quanti
	nihili	

Diese *Genitive* stehen bei den Verben des geistigen Hochschätzens (*magni aestimare* – hoch achten); die kursiv gesetzten Genitive – sie dienen ausschließlich dem Vergleich zweier Preise – stehen auch bei den Verben der Kaufmannschaft (*vendere, emere, constare* usw.), zum Beispiel: pluris emo – ich kaufe zu teuer (teurer), aber: magno emo – ich kaufe teuer (dagegen magni aestimo – ich achte hoch).

Der Fallgebrauch bei Personal- und Possessivpronomen

97 Nicht auf Anhieb verständlich scheint der Fallgebrauch bei Personalpronomina und Possessivpronomina.

misericordia nostra	unser Mitleid (mit anderen)
misericordia nostri	Mitleid mit uns (gen. obi.)
quis nostrum	wer von uns (gen. part.)
nemo nostrum non peccat	niemand von uns ist ohne Sünde
odium nostri	Haß gegen uns

Diese Fälle wollen wir im folgenden klären:

98 Ein Mitleid von uns (gen.) ist unnötig; wir haben ja das Possessivpronomen statt des gen. poss.

nostra patrumque memoria   zu unserer und unserer Väter Zeit

99 Warum nostri? (Siehe 97, Beispiel 2) Gemeint ist ein *genitivus* zum nom. sg. neutr. *das Unsere* (unsere Lage, Sache usw.). Wo der *gen. obi.* gebraucht wird, tritt also ein:

misericordia nostri	Mitleid mit unserer Sache (Lage usw.)
mulier venit ad Caesarem	… um ihre Sache zu rechtfertigen (daher kein fem.
sui purgandi causa	suae)

100 In dem Ausdruck *quis nostrum* sind Personen gemeint; der genitivus *nostri* (neutrum) wäre also falsch. Da einer (in anderen Fällen mehrere) aus einer Gruppe (nos) herausgenommen wird, braucht man einen *gen. part.*
-um ist die alte Genitivendung wie *deum (deorum),* siehe 39.
Man sieht bei diesen Personal- und Possessivpronomen, daß der Unterschied zwischen *genitivus possessoris, obiectivus, partitivus* usw. keine böswillige Erfindung pedantischer Philologen, sondern im lateinischen Sprachgefühl begründet ist.

101 Die Unmöglichkeit, von den Personalpronomen einen *gen. subi.* oder *poss.* zu bilden (weil dafür das Possessivpronomen meus, tuus, suus, noster, vester zuständig ist) zeigt sich auch bei der Konstruktion von *causa, gratia* – um willen, wegen (zugunsten von, aufgrund von) amicorum gratia – der Freunde wegen, aber stets: mea gratia – meinetwegen.

102 Das bei 101 Gesagte gilt auch für *refert* und *interest*. Die Konstruktion von *re – fert* (wörtlich: es trägt mit der Sache) – *es fördert die Sache* (Verwechslungsgefahr: refert von referre) ist dabei (völlig ohne Rücksicht auf die ursprüngliche Wortbedeutung) auf *interest – es liegt im Interesse* übertragen worden, also:

Romanorum refert – Romanorum interest   es liegt im Interesse der Römer
aber: mea refert – mea interest   es liegt in meinem Interesse

Dazu kann ein *gen. pretii* treten: *parvi mea interest* – es liegt wenig ...

Merke:
multum, plus, plurimum, (sogar) magnopere interest heißt:
es ist viel dazwischen, es ist ein großer (größerer) Unterschied

Im a. c. i. (s. 125) ist *refert* etwas schwerer zu erkennen:

Eventu bellorum Poenorum monemur ad bella gerenda minus *referre*, quantae sint copiae quam quales.   Durch den Ausgang der Punischen Kriege werden wir erinnert, daß bei der Kriegsführung (bei zu führenden Kriegen) weniger von Gewicht (Interesse) ist, wie viele Truppen (da) sind als was für welche (wie beschaffene).

Wörter: eventus, us m. – Ausgang, Ereignis.
Grammatik: eventu – *abl. instr.* (s. 69); ad bella gerenda – *gerundivum* (s. 23); quantae – indirekte Frage, s. 115 *(coniunctivus)*.

Ermahnung an die Schüler

Te pudeat profiteri nihil tua *interesse*, utrum laudere a magistris an vituperere; nam dissoluti omnino est discipuli putare, quid magistri de ipso sentiant, nihil *referre*.   Du solltest dich schämen, offen zu sagen, es interessiere dich in keiner Weise, ob du von den Lehrern gelobt oder getadelt wirst; denn es ist Zeichen eines ganz leichtsinnigen Schülers zu glauben, es mache nichts aus, was die Lehrer von ihm halten.

Wörter: pudet me – ich schäme mich; profiteor, -fessus sum, -fiteri – öffentlich sagen (von pateri; Merkwort: Professor); vituperare – tadeln; dissolutus – leichtsinnig, energielos (von dissolvere – auflösen); sentire – fühlen, auch meinen (vgl. sententia).
Grammatik: pudeat – coni. iuss., s. 112; laudere, vituperere – Kurzformen, s. 28; discipuli – gen. poss., s. 95.

Die Modi

Der *indicativus (ind.)* will den Inhalt einer Aussage als Tatsache hinstellen, der *coniunctivus (coni.)* als etwas nur oder vorwiegend Gedachtes.
Der *indicativus* steht fast wie im Deutschen; es gibt aber Fälle, wo Zeiten und Indikative nicht mit dem Deutschen übereinstimmen.

Indikative

103 Der Indikativ steht abweichend vom Deutschen bei verallgemeinernden *Relativpronomen* (s. 42), besonders auffallend aber bei Ausdrücken des *Könnens, Sollens, Müssens* (einschließlich des *Gerundivums*).

signum tuba dandum erat	das Zeichen hätte mit der Tuba gegeben werden müssen

Der Lateiner denkt; das Zeichen mußte gegeben werden; das Müssen war eine Tatsache. Der Deutsche denkt: Zum Blasen kam es aber nicht, also handelt es sich nur um den Gedanken. (Beispiel zu 23 aus Caes. B. G. II 20)

104 Die Funktion des *indicativus imperfecti (ind. impf.)* ist gegenüber dem *perf.* eine eigentlich modale. Es kann gemeint sein:

durativ (längere Dauer)

laborabat tres annos ex stomacho	er litt drei Jahre am Magen

iterativ (öfters wiederholt)

laborabat ex capite	er litt öfters an Migräne

de conatu (Versuch)

flumen traiciebat	er versuchte, über den Fluß zu setzen

Erklärung: Der Lateiner nimmt an, daß Versuche wiederholt gemacht werden; ist er hinübergelangt, gibt es keine weiteren Versuche mehr, also flumen *traiecit* (er setzte über den Fluß). Abweichend davon gibt es bei Livius einen *coniunctivus iterativus* in Nebensätzen.

105 In dramatischer Erzählung steht oft statt des *perfectum historicum* das *praesens historicum*, also:

milites omnia metuerunt (oder metuunt) – die Soldaten fürchteten alles

106 Sogar der *infinitivus historicus* kann das *perfectum historicum* vertreten:
Caes. B. G. I 16

diem ex die *ducere* Haedui: conferre, comportari, adesse *dicere*	Tag um Tag zogen die Häduer hin: sie sagten, es (das Getreide) werde zusammengetragen, zusammentransportiert, sei schon da.

praes. und *inf. historicum* gelten in der *cons. temp. (*s. 115) wahlweise als Haupt- oder Nebentempus.

107 Kleine Zeitverschiebungen – z. B. *perf.* statt *plusqupf.* nach einigen Konjunktionen – haben noch keinen Übersetzer umgebracht, so bei postquam, ut (primum), ubi (primum), simul (atque); manchmal auch bei antequam und priusquam (siehe auch 229).

Konjunktive

Die Konjunktive können wir uns einteilen in abhängige (besonders innerlich abhängige) und unabhängige Konjunktive; die letzteren stehen in Haupt- und Nebensätzen. Die Wiedergabe des lateinischen coniunctivus ist manchmal recht problematisch; wir verdeutlichen ihn oft durch Modalwörter oder ersparen ihn uns durch Partikel (hoffentlich, etwa u. ä.).

108 Am unproblematischsten ist der *coniunctivus irrealis (coni. irr.).* Er stellt Gedachtes als unwirklich oder unmöglich hin.

si pater venisset, laeti fuissemus	wenn Vater gekommen wäre, wären wir froh gewesen
si pater veniret, laeti essemus	wenn Vater käme, wären wir froh (er kommt aber nicht!)

Hannibal lacht, als die Karthager über ihr Unglück jammern. Sie hätten früher in die Tasche greifen sollen; jetzt ist es zu spät:

Liv. XXX 44, 6

„Si, quemadmodum oris habitus cernitur oculis" inquit, „sic et animus intus cerni *posset,* facile vobis *appareret* non laeti sed prope amentis malis cordis hunc quem increpatis risum esse."	„Wenn so, wie der Gesichtsausdruck mit den Augen erkannt wird", sagte er, „auch das Gemüt innen erkannt werden könnte, würde euch leicht klar werden (erscheinen), daß dieses Lachen, welches ihr scheltet, nicht (Zeichen eines . . .) aus einem fröhlichen, sondern beinahe durch Unglück (Übel) wahnsinnigen Herzen kommt."

Wörter: quemadmodum – wie; os, oris n. – Mund, Gesicht; habitus, -us m. – Haltung, Tracht (vom Gesicht: Ausdruck); cernere – erkennen (s. 175); oculus, -i m. – Auge; intus – innen; facile – adv. (erstarrtes *neutrum*); apparere – erscheinen (engl. appear); amens, -tis – wahnsinnig, von Sinnen; cor, cordis n. – Herz; increpo, -crepui, -crepitum, -crepare – schelten (eigentlich: anknarren, zu *crepare*).
Grammatik: mala – *pluralis* nach 47; posset, appareret – *irrealis.*

109 Der *coniunctivus potentialis (coni. pot.)* ist sehr schwer wiederzugeben, weil es ihn im Deutschen nicht gibt; hier fällt er mit dem *irrealis* zusammen.

si pater veniat, laeti sumus	wenn Vater *etwa* kommt, sind wir froh
dicat (oder dixerit!) aliquis	es könnte einer sagen (sagt vielleicht)
diceres	du (man) hättest (hätte) sagen können Pot. d. Verg.

Für den Interessierten eine mögliche Erklärung: Das *perf.* bezeichnete wohl ursprünglich mehr das Einsetzen einer Handlung als eine Zeitstufe (wie auch das *part. perf.* des Deponens, vgl. 22); also heißt *dixerit* eigentlich: es kann einer anfangen zu sagen. Nun ist durch diese Wendung das *perf.* festgelegt, also muß man für die Vergangenheit auf das *impf.* ausweichen.

110 Der *coniunctivus deliberativus* ist eigentlich ein *coni. pot.* in Frageform *(deliberare – abwägen, überlegen).*

quid faciam? – was soll ich tun?
quid facerem? – was hätte ich tun sollen?

111 Gedachtes kann auch beabsichtigt, gefordert oder gewünscht sein. In allen diesen Fällen *(optativus, adhortativus, iussivus,* im abhängigen Nebensatz *finalis)* steht die Negation *ne,* nicht *non.*

ne steht auch beim *optativus potentialis* und *irrealis* (erfüllbarer und unerfüllbarer Wunsch).

utinam (ne) veniat – wenn er doch (nicht) käme, hoffentlich kommt er (nicht)
utinam (ne) veniret – wenn er doch (nicht) käme, aber er kommt (doch) nicht (opt. irr.)
utinam (ne) venisset – wenn er doch (nicht) gekommen wäre (optativus irr.)

Beispiel:

T. M. Torquatus spricht gegen die Auslösung der bei Cannä gefangenen Römer: ihren Abgesandten hält er vor, sie hätten ihre Pflicht versäumt, sich dem Feind zu entziehen.

Liv. XXII 60, 8

... atque utinam ... unus hic saltem *adesset* P. Sempronius, quem si isti ducem *secuti essent,* milites hodie in castris Romanis, non captivi in hostium potestate *essent!*

... und wenn doch wenigstens dieser eine P. Sempronius hier wäre – wenn diese da seiner Führung (ihm als Führer) gefolgt wären, wären sie heute Soldaten im römischen Lager, nicht Gefangene in der Gewalt der Feinde!

Wörter: hic – hier (s. 45); saltem – wenigstens.
Grammatik: adesset – *optativus irrealis;* secuti essent, essent – Bedingungssatz im *irrealis;* quem ducem – doppelter Akkusativ (s. 61).

112 Der Wunsch des Vorgesetzten ist Befehl, und zwar erfüllbarer. Also füllen *adhortativus, iussivus und prohibitivus* die fehlenden Formen des *imperativus* auf.

Beispiel:
ire – gehen

	imper. I	(imper. II)	iussivus	adhort.	prohibitivus	proh. umschrieben
2. Pers. sg.	i	(ito)	–	–	ne ieris	noli ire
3. Pers. sg.	–	(ito)	(ne)eat	–	–	–
1. Pers. pl.				eamus	–	–
2. Pers. pl.	ite	(itote)			ne ieritis	nolite ire
3. Pers. pl.		(eunto)	(ne)eant	–	–	–

Zu der Verwendung des perf. im prohibitivus vgl. die Erklärung bei 109. Die unterschiedlichen Bezeichnungen *(iussivus, adhortativus, prohibitivus)* wollen nur den formalen Unterschied festhalten, für die Bedeutung sind sie unwesentlich. Für den adhortativus *eamus* wählt man deutsch *laßt uns gehen, gehen wir,* der prohibitivus ist nichts anderes als der *negative imperativus:* geh nicht!

Beispiel:

Cicero als Friedensmann rät zum totalen Krieg gegen Antonius.

Cic. Phil VIII 5, 15

In corpore si quid eiusmodi est, quod reliquo corpori noceat, id uri secarique patimur, ut membrum aliquod potius quam totum corpus intereat. Sic in rei publicae corpore, ut totum salvum sit, quicquid est pestiferum, *amputetur*.	Wenn am (im) Körper etwas (derartiges) ist, was dem übrigen Körper schadet, lassen wir es ausbrennen und -schneiden (dulden wir, daß . . .), damit lieber (irgend)ein Glied als der ganze Körper verlorengeht. So soll im Staatskörper, was immer vergiftet ist, herausoperiert werden, damit das Ganze heil bleibt.

Wörter: eiusmodi – derart (erstarrter gen. qual.); nocere – schaden; uro, ussi, ustum, urere – brennen; secari – schneiden (Merkwort: sezieren); membrum, i n. – Glied; potius – lieber (zu potissimum); intereo, -ii, -itum, -ire – untergehen; salvus – wohlbehalten; quicquid, s. 42; pestifer – (pestbringend) infektiös; amputare – abschneiden (ambo + putare – rings anschneiden).
Grammatik: quid statt aliquid (s. 44); noceat – coni. cons. nach eiusmodi; id uri secarique patimur – a. c. i. (s. 128); ut – fin.; amputetur (soll, muß) coni. iuss.

113 Der *imperativus passivi* wird besonders wichtig bei den Deponentien, wo er ja die aktive Bedeutung vertritt.
2. Pers. sg. laetare (freu dich)   loquere (rede)   ne locutus sis (proh.)
2. Pers. pl. laetamini (freut euch)   loquimini (redet)   ne locuti sitis

Wie unabhängig diese Konjunktive sind, dafür ein Beispiel:

si fráctus íllabátur órbis, impavidum feriént ruínae	wenn der Erdkreis geborsten zusammenbrechen sollte, werden die Trümmer einen Unerschrockenen treffen

Hier sind Futur und coniunctivus potentialis der Gegenwart grammatisch nach Belieben vertauschbar, je nachdem, was man ausdrücken will; sie brauchen aufeinander keine Rücksicht zu nehmen.

Innerlich abhängige Nebensätze

Innerlich abhängige Nebensätze geben Aussagen und Überlegungen einer im übergeordneten Satz genannten (in Ausnahmefällen auch einer als selbstverständlich gedachten) Person wieder. Es kann sich auch um den Berichterstatter selbst handeln, der sich einführt (z. B. ich dachte, glaubte, sagte). Für sie gilt:

114 Sie stehen stets im *coniunctivus*
suus, sui, sibi, se können sich auch auf das Subjekt des übergeordneten Satzes beziehen.

115 Sie richten sich streng nach der Zeitenfolge *(consecutio temporum)*. Die *consecutio temporum (cons. temp.)* kommt am reinsten im indirekten Fragesatz vor.

(Haupttempora)		(Nebentempora)	
interrogat,	num veniat (ob er komme)	*interrogavit,*	num veniret (ob er komme)
interrogabit,	num veniat	interrogabat,	num veniret
auch:	venturus sit		venturus esset
interrogavit,	num venerit (gekommen sei)	interrogaverat,	num venisset

Für die Zeit des Nebensatzes ist allein das Zeitverhältnis zum Hauptsatzverbum entscheidend: Gleich-, Vor- oder Nachzeitigkeit, also auch:

interrogat,	num venerit (vorzeitig: ob	interrogaverat, num veniret (nachzeitig: ob
usw.	er gekommen sei)	er komme)

116 Daß *interrogavit* als Haupt- und Nebentempus auftritt, beruht auf dem Unterschied zwischen dem erzählenden *perfectum historicum* und dem feststellenden *perfectum praesenticum*.
hist.: er fragte   praes.: er hat tatsächlich die Frage gestellt

117 Die direkten (unabhängigen) Satzfragen d. h. ohne deutsches Fragewort) werden im Lateinischen eingeleitet mit *num* (erwartet die Antwort nein), sonst mit *-ne*; Doppelfragen mit *utrum ... an* (wobei sich *utrum* im Deutschen nicht übersetzen läßt).
Die indirekten Fragesätze kennen den Unterschied *num* und *-ne* nicht. Die Doppelfragen *(utrum ... an, -ne ... an, -an, -ne)* müssen im Deutschen stets mit *ob* beginnen.

nescio, utrum veniat an maneat Romae	ich weiß nicht, ob ... oder
nescio, veniatne ... an ...	
nescio, veniat ... an ...	
nescio, veniat ... maneatne ...	

Manchmal wird die erste Frage der Doppelfrage als unterdrückt betrachtet und sofort mit *an* begonnen.

clamor an ex nocturna esset trepidatione	ob das Geschrei etwa aus nächtlicher Verwirrung komme

118 Stets innerlich abhängig sind auch die Finalsätze. Da jede Absicht auf die Zukunft zielt (auch jeder Befehl), ist der *coniunctivus futuri (-urus sim, -urus essem)* nicht nötig und wird eingespart. Wie beim (unabhängigen) *coniunctivus optativus* und *iussivus* muß auch beim (innerlich abhängigen) *finalis* die Negation *ne* stehen (vgl. auch 124); also: *daß nicht* → *ne* oder gar *ut ne*.

119 *ne* steht auch im konditionalen Wunschsatz.

oderint dum metuant	mögen sie mich hassen, wenn sie mich nur fürchten
aber: metuant, dum *ne* oderint	mögen sie mich fürchten, wenn sie mich nur nicht hassen
Liv. XXIX 34, 7	
Sint vel plures, *dum habeant* talem ducem.	Mögen sie sogar mehr sein, wenn sie nur einen solchen Führer haben!

120 Kausalsätze (besonders solche mit quod – weil) gelten nur als innerlich abhängig, wenn sie einen subjektiven Grund wiedergeben sollen.

Caesar militem interfecit, quod consilia sua hostibus *tradiderat*.	Cäsar ließ den Soldaten töten, weil er seine Pläne den Feinden verraten hatte.
Caesar militem interfecit, quod consilia sua hostibus *tradidisset*.	Cäsar ließ den Soldaten töten, weil er seine Pläne den Feinden verraten habe.

121 Eine häufig unerwartete Erscheinung ist, daß in Nebensätzen, die von einem konjunktivischen Nebensatz oder einem a. c. i. abhängen, der *coni.* ohne Sonderbedeutung stehen kann (bloße Angleichung). Wir müssen ihn also nicht übersetzen.

Beispiel: Cic. Phil. II 1, 1

Cicero spielt Antonius gegenüber auf Cäsars Ermordung an

Te miror, Antoni, quorum facta *imitere*, eorum exitus non perhorrescere.	Ich wundere mich, Antonius, daß dich (du) nicht schaudert vor dem Ende derer, deren Taten du nachahmst.

Wörter: mirari – sich wundern; imitari – nachahmen (Merkwort: Imitation); exitus, -us – Ausgang, Ende; perhorresco, -horrui, -scere – Inchoativum zu horrere – schaudern (s. 153). Grammatik: imitere – Kurzform (s. 28), *coni.*, weil vom a. c. i. abhängig; exitus – *acc. der Beziehung* (s. 62).

Cic. Verr. II 1. 6. 16

cum venissem senator ad socios Romanos, qui in ea provincia quaestor *fuissem*.	. . . der ich Quästor gewesen war.

Konsekutivsätze

122 Nicht innerlich abhängig ist in der Regel der Konsekutivsatz. Trotz des Konjunktivs gelten also im Konsekutivsatz die Regeln 114/115 nicht. Die Negation ist *non* (z. B. *ut non*, s. 124).

Italia silvis suis privabatur, ita ut lignum hodie rarum sit.	Italien wurde immer wieder seiner Wälder beraubt, so daß Holz heute rar ist.

(Es leuchtet ein, daß hier *esset* einen verkehrten Sinn ergäbe; es handelt sich ja bei den Folgeerscheinungen um Tatsachen, nicht Gedanken.)

123 Soll die Folge aber als beabsichtigt dargestellt werden, entsteht trotz der Übersetzung *so daß* ein Finalsatz.

124 Merke: Konsekutiv- und Finalsätze (ut!) sind oft nicht zu unterscheiden.
Merkmale des Konsekutivsatzes, wenn vorhanden, sind:
Durchbrechung der cons. temp. (wie im Beispiel zu 122).
Das Verhältnis so daß (ita, sic-ut) eiusmodi, is, tantus usw. ut steht sehr häufig da.
Leider muß es auch oft dazugedacht werden (das gilt auch für konsekutive Relativsätze, s. 134).

Caesar tanta clementia erat, ut multis inimicis *ignosceret.*
Cäsar war von solcher Milde, daß er vielen Feinden *verzieh* (ind.!).

Der Konsekutivsatz beginnt nie mit ne, der negative Finalsatz dagegen immer.

final		*consecutiv*
ne	daß nicht	ut non
ne quisquam	daß niemand	ut nemo
ne umquam	daß niemals	ut numquam
ne usquam	daß nirgends	ut nusquam
ne quicquam	daß nichts	ut nihil
ne ulli	daß keine	ut nulli
ne aut ... aut	daß weder-noch	ut neque ... neque

Beispiel:

Cicero warnt vor Entgegenkommen gegenüber Antonius

Cic. Phil. XII 4, 8

... qui si pacis – id est timoris nostri – nomen audierit, ut non referat pedem, insistet certe.

Wenn der etwas von Frieden hört – d. h. von unserer Furcht –, wird er darauf bestehen, keinen Fußbreit nachzugeben.

a. c. i. und n. c. i.

Der *accusativus cum infinitivo (a. c. i.)* ist auch im Deutschen vertreten: ich höre ihn singen. Er ist zu erklären aus dem Zusammentreffen eines persönlichen (oder sachlichen) und eines verbalen Objekts:

Ich höre *ihn* + ich höre *singen* = ich höre *ihn singen.*

(Voraussetzung ist dabei, daß beide Objekte unter sich eine Subjekt-Prädikat-Beziehung eingehen können [er singt].)

Diese Konstruktion hat in den alten Sprachen gewuchert. Sätze wie

ich hörte (glaubte, sagte) ihn gesungen zu haben

ich hörte (glaubte, sagte) das Lied gesungen worden zu sein

sind im Deutschen unmöglich, im Lateinischen allgegenwärtig und so selbstverständlich, daß sogar oft der Subjektsakkusativ ergänzt werden muß. Wir übersetzen den a. c. i. als Aussagesatz mit daß.

Bei der Übersetzung des a. c. i. ist zu beachten:

125 Der a. c. i. muß erkannt und vom bloßen Infinitiv unterschieden werden. Subjekt und Objekt dürfen nicht verwechselt werden.

hostis putavit se Romanos vincere posse	er könne die Römer besiegen – und: die Römer könnten ihn besiegen

Diese Zweideutigkeit zeigt auch das folgende Beispiel, in einem Orakel durch mögliche Verwechslung von Subjekt und Objekt bewußt erzielt (Übersetzung aus dem Griechischen). (Hexameter)

Aío te Aéacidá, Románós víncere pósse.	Ich sage, daß du, Nachkomme des Äakus, die Römer besiegen kannst. Ich sage, daß dich, Nachkomme des Äakus, die Römer besiegen können.

Beispiel für einen normalen a. c. i.

Nuntio allato hostium *exercitum fusum fugatumque esse* summa omnes cives laetitia affecti sunt.	Als die Nachricht kam (beigebracht war), das Heer der Feinde sei zersprengt und in die Flucht geschlagen, ergriff große Freude alle Bürger (wurden alle Bürger mit großer Freude angetan).

Wörter: affero, attuli, allatum, afferre – herbeibringen; fundo, fudi, fusum, fundere – zersprengen (eigentlich: ausgießen); laetitia, -ae f. – Freude; afficere – antun, versehen mit (abl.).
Grammatik: nuntio allato – *abl. abs.* oder *abl. instr.*; summa laetitia – *abl. instr.*

126 Gleichzeitigkeit *(praesens)*, Vorzeitigkeit *(perfectum)* und Nachzeitigkeit *(futurum)* müssen bei der Erstübersetzung strikt eingehalten werden (Infinitive erlauben keineswegs Schlamperei!). Subjekte (besonders Personalpronomina), leider auch häufig die Infinitive von esse, die der Lateiner als selbstverständlich betrachtet, müssen ergänzt werden.

127 *suus, sui, sibi, se* beziehen sich auch auf das Subjekt des übergeordneten Satzes. Diese Regel kennzeichnet den a. c. i. als innerlich abhängig (s. 114).

Beispiel: Cic. Tusc. V 92

Diogenes über die vita beata. Der Satz wird unverständlich, wenn *suus, sibi, se* und *is, ille* falsch bezogen werden.

... et hic quidem disputare solebat, quanto regem Persarum vita fortunaque superaret; *sibi* nihil deesse, *illi* nihil satis umquam fore; se eius voluptates non desiderare, quibus numquam satiari *ille* posset; *suas eum* consequi nullo modo posse.	... und dieser pflegte freilich zu erörtern, um wie viel er den Perserkönig an Lebensglück übertreffe: ihm fehle nichts, jenem werde nichts jemals genug sein; er vermisse dessen Genüsse nicht, mit denen jener nie gesättigt werden könne; die seinen könne er (der Perserkönig) auf keine Weise erlangen.

Wörter: disputare – erörtern; consequi – erreichen (Verwechslungsgefahr! nur in der Logik: folgen).
Grammatik: vita fortunaque – abl. lim. (s. 73); quanto – abl. mens. (s. 70); nullo modo – abl. modi (s. 74); desiderare – vermissen.

128 Der a. c. i. gibt im allgemeinen als Tatsachen hingestellte Aussagen oder Überlegungen wieder. Bei velle, nolle, malle, cupere, iubere, vetare, sinere, pati, manchmal auch bei prohibere und studere, steht der a. c. i. auch oft gegen diese Regel.

129 Die vielgenannte indirekte Rede ist nichts als eine Anhäufung innerlich abhängiger Sätze, wobei Aussagen im a. c. i., Aufforderungen und Absichten (als Finalsätze) im Konjunktiv, meist ohne *ut*, stehen.
Merke: Auch im Deutschen steht die ganze indirekte Rede im Konjunktiv, und sei sie noch so lang.
Einzige Schwierigkeit: Rhetorische Fragen, auf die man keine Antwort erwartet, stehen im a. c. i. (als verkappte Aussagen), also:

num eum id negare	ob er das leugnen könne? = er könne das nicht leugnen.

130 Der *nominativus cum infinitivo (n. c. i.)* ergibt sich bei Umkehrung des a. c. i. ins Passiv.

Puto Gaium scelestum esse	ich glaube, daß Gaius ein Schurke ist.
Gaius putatur scelestus esse	Gaius wird für einen Schurken gehalten.

Schwierigkeiten sind selten, am ehesten ergeben sie sich im Relativsatz.

Beispiele für den n. c. i.

Gründungssage von Athen

Theseus incolis dispersorum per Atticam vicorum in unum coactis communem Atheniensium civitatem effecisse *traditur*.	Theseus soll (wird überliefert) die Gesamtgemeinde der Athener zustandegebracht haben, indem er die Einwohner der durch Attika hin zerstreuten Dörfer an einem Punkt zusammensiedelte (bei zusammengeführten Einwohnern).

Wörter: incola, -ae – Einwohner; dispergo, -persi, -persum, -pergere – zerstreuen; cogere – Doppelbedeutung, s. 176; efficere – bewirken (Merkwort: Effekt); trado, -didi, -ditum, -dere – übergeben, überliefern.
Grammatik: incolis coactis – abl. abs. (s. 75); in unum – ergänze locum; traditur + n. c. i.

Die Wohnung des längst verstorbenen Dichters Pindar in Theben wird geschont.

Milites Pindari domum diripere ab Alexandro vetiti erant (n. c. i.). Alexander milites Pindari domum diripere vetuerat (a. c. i.).	Alexander hatte den Soldaten verboten, das Haus Pindars zu plündern.

Wörter: diripio, -ripui, -reptum, -ripere – plündern (eigentlich: auseinanderreißen); veto, vetui, vetitum, vetare (b. acc.) – verbieten.

Relativsätze

Relativsätze gelten als harmlos, sie sind es nicht immer. Schon die Vieldeutigkeit von *quod* macht Schwierigkeiten (s. 219).
Im konjunktivischen Nebensatz können sich unabhängige Konjunktive finden.

131 *coniunctivus irrealis (coni. irr.)*

qui id diceret (dixisset), erraret (eravisset) — wer das sagen würde (gesagt hätte), würde irren (hätte geirrt).

132 *coniunctivus potentialis (coni. pot.)*

qui id dicat (dixerit), erret (erraverit) — wer das etwa sagen würde, dürfte wohl irren.

Höflich zurückhaltende Bemerkung im *potentialis*

Pompeio litterae tuae, quod facile *intellexerim,* periucunde fuerunt. — Dem Pompeius war dein Brief sehr angenehm, was ich wohl leicht verstehe.

Wörter: intellegere – einsehen (Merkwort: Intellekt); periucundus = iucundissimus (zu *iocus* – *Scherz*).
Grammatik: intellexerim – *perf. coni.* = praes. pot. (109); quod, bezogen auf den ganzen Satz (s. 219).

Ebenso finden sich abhängige Konjunktive.

133 *coniunctivus finalis (coni. fin.):*

Caesar legatos misit, qui dicerent ... — Cäsar schickte Gesandte, die sagen sollten ...

Aus der Frühzeit Roms: Krieg mit Veji

Veientes legatos miserunt, qui pacem peterent. — Die Vejer schickten Gesandte, die (damit sie) Frieden erbitten sollten.

Habsucht zum Zwecke der Verschwendung (Spiele und Bestechung)

Multi aliis eripiunt, quod aliis largiantur. — Viele entreißen den einen, was sie den anderen schenken wollen (um es zu schenken).

Cicero erwähnt eine Gesandtschaft mit einem Vermittlungsangebot an Antonius, von der er abgeraten hatte.
Cic. Phil VIII 6, 17

Qui *intercurrerent,* misimus tris principes. — Wir haben drei führende Männer geschickt, die sich ins Mittel legen sollten.

Wörter: intercurrere – dazwischen laufen, auch: sich ins Mittel legen; princeps, -cipis m. – führender Mann (s. 166).
Grammatik: intercurrerent – coni. fin.; tris = tres (s. 32).

134 *coniunctivus consecutivus (coni. consec.):*

Nach Ausdrücken wie *sunt, qui* – *es gibt* (solche) *Leute, die* u. ä. steht der *coni. consec.* Dabei ist besonders schwer zu erkennen die Doppelkonstruktion bei *dignus* mit *abl. instr.* oder *lim.* oder mit konsekutivem Relativsatz (würdig, daß er ...).

laude dignus — des Lobes würdig
dignus est, qui laudetur — würdig, gelobt zu werden

Beispiele:

Brasidas (422 v. Chr. gefallen), spartanischer Feldherr im Peloponnesischen Krieg (Athen gegen Sparta).

Brasidas, ut qui fortitudine, probitate prudentia civibus excelleret, *dignus* erat, *cui* Lacedaemonii magnopere *confiderent*.	Brasidas, als ein Mann, der sich vor (seinen Mit-)bürgern an Tapferkeit, Rechtschaffenheit, Klugheit auszeichnete, war es wert (würdig), daß die Lazedämonier ihm voll (sehr) vertrauten.

Wörter: probitas, -tis f. – Rechtschaffenheit; excello, -celsi, -celsum, -cellere – sich auszeichnen (Merkwort: Exzellenz) bei *inter* mit *acc.* oder mit *dat.* bei zusammengesetzten Verben (s. 81); ut qui – wie einer der, mit konsekutivem Sinn; fortitudine ... – *abl. lim.* (s. 73); cui – konsekutiver Relativsatz nach dignus.

Ebenso findet sich eine Doppelkonstruktion bei *aptus, idoneus (geeignet für)*; einerseits stehen sie beim *dat. fin.*, andererseits beim konsekutiven Relativsatz. Im Deutschen steht der Indikativ, nur bei gedachter Folge steht auch im Deutschen (selten!) der Konjunktiv.

Nach dem 2. Bürgerkrieg

Augustus optimo cuique maxime *idoneus* videbatur esse, qui rem publicam vexatam pacaret.	Augustus schien gerade den Besten am ehesten geeignet, (den gequälten Staat zu befrieden) dem gequälten Staat den Frieden zu schenken.

Wörter: optimus quisque – jeder beste (aus jeder Gruppe der beste), gerade die besten; idoneus – geeignet, mit konsekutivem Relativsatz wie dignus; vexare – quälen; pacare – befrieden, auch: unterwerfen.

Es gibt recht verschiedene Bürger

Ut sunt, qui legibus magistratibusque inviti *pareant*, ita non *desunt, qui* magistratuum edictis libenter *obtemperent, ut qui* intellig*ant,* quam necessariae salutaresque leges civitati sint.	Wie es Leute gibt, die den Gesetzen und Behörden (nur) widerwillig gehorchen, so fehlen (auch) solche nicht, die den behördlichen Verfügungen gern Folge leisten, wie auch solche, die einsehen, wie nötig und heilsam Gesetze für die Bürgerschaft sind.

Wörter: invitus – ungern; parēre – gehorchen (s. 207); edictum, -i n. – Erlaß; obtemperare – gehorchen; necessarius – notwendig (unausweichlich von cedere); salutaris, -e – heilsam (zu salus). Grammatik: ut – s. 229; civitati – dat. comm.; si ut – coni. im ind. Fragesatz (115)

135 *coniunctivus causalis (coni. caus.):*

Caesar militem interfecit, qui consilia sua hostibus *tradidisset*.	Cäsar ließ den Soldaten töten, der seine Pläne den Feinden verraten habe.

Cicero läßt in seinem Buch Scipio erzählen, wie er nach dem Empfangsmahl bei Massinissa einschlief.
Cic. rep. VI 10, 10

Deinde, ut cubitum discessimus, me et de via fessum et qui ad multam noctem *vigilassem*, artius, quam solebat, somnus complexus est.	Dann, als wir zum Schlafen auseinandergingen, umfaßte mich, den von der Reise Erschöpften, und da ich ja bis tief in die Nacht gewacht hatte, der Schlaf tiefer als er es sonst (zu tun) pflegte. (Kürzer: fiel ich in einen ungewöhnlich tiefen Schlaf.)

136 *coniunctivus concessivus (coni. concess.):*

Caesar Ciceroni ignovit, qui adversarios *adiuvisset*.	Cäsar verzieh Cicero, obschon er seine Gegner unterstützt hatte.

137 Merke: Versuche, qui mit coni, als ut is oder cum is zu übersetzen (cuius als ut, cum eius usw.). So ergeben sich 4 Lösungsmöglichkeiten: ut finale oder consecutivum, cum causale oder concessivum.
Paßt keine dieser Möglichkeiten, muß auf irrealis oder potentialis geschlossen werden, z. B.:

cognosco virum, qui hoc non fecisset   ich kenne einen, der das nicht getan hätte

138 Ein Übersetzungstrick für schwer wiederzugebende Relativsätze: Verwandle sie – wenn möglich – in eingeschobene Hauptsätze zwischen Gedankenstrichen (Parenthesen), z. B. Relativsätze im a.c.i.:

milites, quos longius processisse commemoravimus, fugere coeperunt.

Die Soldaten – wir haben erwähnt, daß sie weiter vorgegangen waren – begannen zu fliehen.

Daß Relativsätze oft besonders leicht durch Paranthesen zu ersetzen sind, beweist folgendes Beispiel:

Cic. Phil. II 46, 119

Duo modo haec opto: unum, ut moriens populum Romanum liberum relinquam – hoc mihi maius ab dis immortalibus dari nihil potest –, alterum, ut ita cuique eveniat, ut de re publica quisque mereatur.

Diese 2 Dinge wünsche ich mir: eines, daß ich sterbend ein freies römisches Volk zurücklasse – Größeres als das kann mir von den unsterblichen Göttern nicht gegeben werden – das andere, daß es für jeden so herauskomme, wie er es um den Staat verdient.

Wörter: modo – nur (s. 224); evenire – ausgehen; merere und mereri – verdienen; cuique, quisque. s. 41.
Grammatik: hoc – es könnte genauso gut *quo* stehen!

139 Das bei 138 Gesagte gilt auch für verschränkte Relativsätze:

Alexander, cui si dei vitam longiorem dedissent, orbem terrarum subegisset . . .

Alexander – wenn ihm die Götter ein längeres Leben verliehen hätten, hätte er den Erdkreis unterworfen – . . .

Aberat omnis dolor, *qui*, si adesset, non molliter tulisset.

Es fehlte jeder Schmerz – wenn er dagewesen wäre, hätte er ihn nicht leicht ertragen.

Aus der Diskussion um die *vita beata*:

Id solum bonum est, *quo* qui potitur, necesse est beatus sit.

Das allein ist das (wahre) Gute, dessen Besitz notwendigerweise glücklich macht. (Wörtlich: dessen, wer sich bemächtigt, notwendig ist, daß er glücklich ist.)

Wörter: potior, potitus sum, potiri – sich bemächtigen (b. *abl.*; aber: rerum potiri – sich der Herrschaft bemächtigen), gehört zu potest, potestas; necesse – nötig (s. 206), hier logisch gemeint.

Cicero: Naturbegabung ist Voraussetzung erfolgreicher Redeschulung.

Jure dixisti esse permulta, quae orator, nisi a natura haberet, non multum a magistro adiuvaretur.	Mit Recht hast du gesagt, es gebe vieles, worin der Redner, wenn er (es) nicht von Natur haben würde, nicht gefördert werden könnte.

Wörter: adiuvare – unterstützen.
Grammatik: permulta – pluralis nach 47; quae – obi. zu haberet, kann aber auch als *acc. der Beziehung* zu *adiuvare* aufgefaßt werden; haberet – coni. irr. (s. 108).

Die Besonderheit dabei ist: Das Relativpronomen wird in denjenigen Satz gezogen, der vom Relativsatz abhängig ist; infolgedessen hängt der eigentlich Relativsatz in der Luft. Christian Morgenstern hat dies mit bewußt komischem Effekt nachgeahmt:
Korf erfindet eine Mittagszeitung, welche, wenn man sie gelesen hat, ist man satt. (Aus: Die Mittagszeitung)

140 Verwandlung in einen Hauptsatz (eingeschoben oder nachgeholt) hilft auch, wenn das Beziehungswort in den Relativsatz gezogen ist.

Brutus collegam sibi elegit P. Valerium, *quo adiutore* reges urbe iecerat.	Brutus wählt sich P. Valerius als Amtsgenossen – er hatte mit seiner Hilfe die Könige aus der Stadt hinausgeworfen.

Über Frankreich

Gallia, *quae terra* a Pyrenaeo monte marique interno usque ad Rhenum pertinet, vino abundat.	Frankreich (ein Land, welches . . .) – dieses Land dehnt sich von den Pyrenäen und dem Mittelmeer bis zum Rhein – erzeugt viel Wein.

Wörter: pertinere ad – sich erstrecken bis (verstärkt durch usque); abundare – überfließen, Überfluß haben (von unda – Woge) b. *abl. instr.* (früher hier *abl. copiae* genannt).

Oberitalien vor dem 2. Punischen Krieg

In Gallia Cisalpina tum habitabant Boii Insubresque, *quas gentes Gallicas* a Romanis constat paucis annis ante subactas esse.	In Oberitalien (diesseitiges Gallien) wohnten damals Boier und Insubrer, gallische Stämme, die von den Römern wenige Jahre zuvor unterworfen waren. (eigentlich: daß welche Völker . . . feststeht)

Wörter: subigo, -egi, -actum, -igere – unterwerfen.
Grammatik: ante: adv. (s. 63); paucis annis – abl. mens. (s. 70).

Dieser Trick verfängt nicht, wenn auf das Relativpronomen besonders hingewiesen wird.

Quibus diebus praetores ius dicebant, *ii* fasti, quibus ius dicere nefas erat, nefasti dicebantur.	Die Tage, an denen die Prätoren Recht sprachen, wurden Fasten, die, an denen Recht zu sprechen frevelhaft war, wurden Nefasten genannt.

141 Die relativische Anknüpfung ist eigentlich ein lose angehängter Nebensatz, den wir als selbständigen Satz übersetzen. Im Deutschen wäre etwa vergleichbar: Max hat eine Glatze. Was (welche) ihn sehr ärgert.

Merke: Es gibt neben der relativischen Anknüpfung keine weitere Satzverbindung wie im Deutschen. Wir können sagen: Was ihn aber sehr ärgert. Im Lateinischen kann dagegen ein sed qui oder quique niemals relativisch angeknüpft sein; das pronomen relativum muß sich dann auf Folgendes beziehen.

Stellungsschwierigkeiten und Periodenbau

Stellungsschwierigkeiten und Periodenbau stellen uns vor ungewohnte Probleme, weil die Wort- und Satzstellung im Lateinischen viel freier ist als im Deutschen. Der Lateiner kann sich vieles leisten, weil ihm die Kasusendungen nach den Kongruenzregeln die Zusammengehörigkeit auch ohne Zusammenstellung verdeutlichen.

142 Am einfachsten ist die Sperrung eines Wortblocks durch ein zugehöriges (Genitiv-)Attribut:

Cic. Verr. II 4, 119

signum Apollinis pulcherrimum et maximum

ein sehr schönes und großes Standbild des Apollo

Es kann auch ein Verb zwischen einen Wortblock eingeschoben sein:

in hac est insula fons

Auf dieser Insel ist eine Quelle

Aus dem 2. Punischen Krieg: Folgen eines Sieges Scipios

Cirta caput regni Syphacis erat; eoque ex fuga *ingens* hominum se contulerat *vis*.

Cirta war die Hauptstadt des Königreichs des Syphax; und dorthin hatte sich eine große Menge Menschen (von der Flucht aus) auf der Flucht begeben.

143 Für viele wird ein Satz undurchsichtig, wenn ein Wort ohne sein Bezugswort wiederholt wird.

Cic. Verr. II 4, 120

in ornatu urbis habuit (Marcellus) victoriae rationem, habuit humanitatis

Angesichts der schmucken Stadt hat Marcellus dem Sieg sein Recht gegeben, aber auch der Menschlichkeit.
(Wörtlich: im Schmuck der Stadt hat Marcellus Rechenschaft des Sieges gehabt, hat gehabt der Menschlichkeit.)

144 Aus Nebensätzen werden betonte Wörter und Wortgruppen vorweggenommen, so daß das eigentlich zur Einleitung im Deutschen gebrauchte Relativpronomen oder die Konjunktion weit nach hinten gerät, ja mit dem Verbum nachklappt.

Cic. Verr. II 4, 12

| Romam quae adportata sunt, videmus ad aedem Honoris | was nach Rom gebracht wurde, sehen wir beim Tempel des Honor (Ehre) |

Liv. XXX 6, 1

| relucentem flammam primo vigiles Carthaginiensium, deinde excitati alii nocturno tumultu *cum* conspexissent | als erst die Wachen der Karthager, dann andere, aufgeweckt durch den nächtlichen Tumult, die widerscheinende Flamme bemerkt hatten ... |

145 Manchmal handelt es sich um Satzteile, die sowohl zu dem Nebensatz wie zu dem folgenden Hauptsatz gehören.

Liv. IV 59, 5

| circummissae IV cohortes cum C. Servilio Ahala, cum imminentem urbi collem cepissent, ex loco superiore moenia invasere. | Die zur Umgehung geschickten 4 Kohorten mit C. Servilio Ahala griffen die Mauern von oben an, als sie den die Stadt überragenden Hügel genommen hatten. |

146 Oft wird auch nur die Betonung des vorgezogenen Begriffs angestrebt – ohne Beziehung zum Nachsatz.

Caes. B. G. 43, 2

| Ariovistus, *ex equis* ut colloqueretur et praeter se denos ad colloquium adducerent, postulavit. | Ariovist forderte, daß sie vom Pferd aus verhandelten und je 10 außer sich zur Unterredung (mit sich) führten. |

Die Karthager rufen Hannibal aus Italien zurück; aus der Botschaft ein Satz (indirekte Rede), abhängig etwa von *scripserunt*.
(Bemerkenswert: Der Relativsatz ist vorgezogen, aus dem Relativsatz wiederum der Hauptbegriff (Carthaginem). Konjunktiv wegen *indirekter Rede* (im Deutschen und Lateinischen); nach *alius* steht *quam* statt *ac*.)

Liv. XXX 9, 8

| ... Carthaginem ipsam qui tueatur, neque imperatorem alium quam Hannibalem neque exercitum alium quam Hannibalis superesse. | Was Karthago selbst betreffe, so sei weder ein anderer Feldherr als Hannibal noch ein Heer außer dem Hannibals übrig, es zu schützen. |

Wörter: tueri, tutatus sum – schützen; superesse – übrig sein.

147 Häufig sind (vom deutschen Sprachgebrauch aus geurteilt) ganze Sätze umgestellt.

Cum sis mortalis, quae sunt mortalia, cura	Da du sterblich bist, kümmere dich um Sterbliches (Vergängliches).
Caesar, qualis esset natura montis, qui cognoscerent, misit.	Cäsar schickte (Leute), die erkennen sollten, welches die Beschaffenheit des Berges sei.

Der Briefschreiber bittet um rechtzeitige Information

Tu quid sis acturus, pergratum erit, si ad me scripseris.	Ich wäre dankbar, wenn du mir schreiben würdest, was du zu tun gedenkst.

Wörter: pergratum (gratissimus zu 195). Der lässige Briefstil kann nur frei wiedergegeben werden. Die Briefzeiten stimmen mit dem Deutschen nicht immer überein, auch hier frei verfahren:
(Du, was du im Begriff bist zu tun, wird sehr angenehm sein, wenn du es mir geschrieben haben wirst.)

Aus der Diskussion über die *vita beata*: Genügsamkeit als Voraussetzung von Wunschlosigkeit und Glück.

Quod satis est, cui contingit, nil amplius optet.	Wer (volles) Genüge erreicht, wünscht wohl nichts mehr. (Wem gelingt, was genug ist, der dürfte nichts weiter wünschen.)

Wörter: contingit, contigit – es glückt (eigentlich: berührt).
Grammatik: optet – *coni. pot.* der Gegenwart (109).

148 Regelmäßige Fehlleistungen sind zu beobachten, wenn zwei Nebensätze zusammentreffen, von denen der eine (b) dem Vordersatz zugeordnet ist, der andere (c) dem folgenden Hauptsatz, nach diesem Schema:

```
_____   _____//_____   _____
       a                 b         c                d
```

Vulpes, quae numquam leonem viderat // cum ei forte occurreret, ita perterrita est, ut paene moreretur.	Der Fuchs, der noch nie einen Löwen erblickt hatte, erschrak so, als er ihm zufällig begegnete, daß er beinahe starb.

Volksstämme, die keinen Luxusbedarf haben, gelten als besonders gefährlich und verdächtig. Ceas. B. G. IV 2

Mercatoribus est aditus magis eo, ut, quae bello ceperint, quibus vendant, habeant, quam quo ullam rem ad se importari desiderent.	Für Händler gibt es Einreiseerlaubnis mehr dazu, daß sie Käufer für Kriegsbeute haben, als weil sie irgendwelche Einfuhrbedürfnisse hätten. (Zugang mehr dadurch, daß sie, was sie im Krieg erbeutet haben, denen dies verkaufen, als daß sie wünschten, daß irgendeine Sache zu ihnen eingeführt werde.)

Wörter: mercator, -oris m. (Groß-)händler; aditus, -us m. – Zugang; vendere – verkaufen (s. 230).
Grammatik: habeo, quo – *coni. consec.* wie nach sunt, qui; eo – entweder abl. instr. (s. 69) oder eo – dorthin, dazu (s. 45); quo = ut eo – nach 137: dadurch abl. instr.

Im 2. Punischen Krieg fürchtet Capua römische Belagerung und Hunger.
Liv. XXV 13, 1

Cum Hannibal circa Tarentum, consules ambo in Samnio essent,	Da Hannibal um Tarent, beide Konsuln in Samnium waren, aber im Begriff schienen, Capua einzu-

sed circumsessuri Capuam viderentur, quod malum diuturnae obsidionis esse solet, iam famem Campani sentiebant, quia sementem facere prohibuerant eos Romani exercitus.	schließen, ahnten (fühlten) die Kampaner bereits den Hunger – ein Übel, das lange Belagerung zu begleiten pflegt (Sache langer Belagerung zu sein pflegt) – da die römischen Heere sie an der Aussaat verhindert hatten (die Aussaat zu machen).

Wörter: circumsedere – hier: einschließen; obsidio, -ionis f. Belagerung; sementis, -is f. Aussaat.
Grammatik: cum *hist.* oder *causal* (181); quod malum (140); diuturnae obsidionis – *gen. poss.* (84).

Im 2. Punischen Krieg vor der Wahl Scipios zum Oberbefehlshaber in Spanien nach dem Tod seines Vaters und Onkels dort.
Liv. XXVI 18, 2–3

Et exercitum augeri et imperatorem mitti placebat; nec tam quem mitterent, satis constabat, quam illud: ubi duo summi imperatores intra triginta dies cecidissent, qui in locum duorum succederet, extraordinaria cura deligendum esse.	Und man beschloß, daß das Heer vermehrt und ein Feldherr geschickt werde; und es stand nicht so (sehr) fest, wen sie schicken sollten, als das: wo zwei hochbedeutende Feldherrn innerhalb von 30 Tagen gefallen seien, müsse mit außerordentlicher Sorgfalt der ausgewählt werden, welcher auf den Platz von zweien nachfolgen solle.

Wörter: augeo, auxi, auctum, augere – vermehren; placet mihi – ich beschließe (mit *a. c. i.*); constat, s. 179; cadere (nicht caedere) – fallen (nach dem Zusammenhang); succedere – nachfolgen; deligere – auswählen.
Grammatik: mitterent – *coni. der ind. Frage* (s. 115); extraordinaria cura – abl. instr. (s. 69).

149 Manchmal hilft eine überraschende Parallelität von Wortgruppen oder Sätzen bei der Aufgliederung.

Liv. XXIX 34, 11

dux fatigatur alios vino et somno graves arma capere et frenare equos cogendo, aliis, ne sparsi et inconditi sine ordine, sine signis omnibus portis excurrerent, obsistendo.	Der Führer wurde völlig ermattet, als er die einen, die von Wein und Schlaf schwer (von Begriff) waren, zwang, die Waffen zu ergreifen und die Pferde zu satteln (wörtl. zügeln) und indem er den anderen Widerstand leistete, die zerstreut und ungeordnet ohne Ordnung, ohne Feldzeichen zu allen Toren hinausrannten.

150 Relativ selten sind (glücklicherweise) Fälle mit noch komplizierterer Stellung, z. B.:
Cic. Pro Marc., 8.26

... si quidem gloria est industris et pervagata magnorum vel in suos cives vel in patriam vel in omne genus hominum fama meritorum.	Wenn Ruhm ist (heißen soll) der leuchtende und verbreitete Ruf großer Verdienste um die eigenen Bürger oder das Vaterland oder das ganze Menschengeschlecht.

151 Besonders häufig ist der kurze, aber lang hinausgezögerte Hauptsatz.
Caes. B. G. I 13, 2

Helvetii repentino Caesaris adventu commoti cum id, quod ipsi diebus viginti aegerrime confecerant, ut flumen transirent, illum uno die fecisse intellegerent, legatos ad eum mittunt.	Die Helvetier, durch die plötzliche Ankunft Caesars erschüttert, da sie sahen, daß er das in einem Tag gemacht hatte, was sie selbst in 20 Tagen kaum geschafft hatten – (nämlich) daß sie den Fluß überschritten –, schickten Gesandte zu ihm.

Wortschatz

Merke: Es lohnt sich, einige Wortfamilien selbständig durchzudenken; man lernt dabei, Bedeutungen selbst abzuleiten und besser zu behalten.

174 und **204** zeigen beispielhaft die Ableitung von Komposita. Es gibt Formen, die verwechselbar sind, doch es gibt auch Verwechslungen, die nicht vorkommen dürften: Wer *despicere, deficere, desistere, deferre* usw. durcheinanderbringt, sollte sich einmal vorstellen, welchen Wortsalat ein Ausländer anrichtet, wenn er etwa *verlieren, verzieren, verlieben* verwechselt. Nicht Klangähnlichkeit, sondern Zerlegung (Wortanalyse) führt zum Ziel:

☐ die *Stammsilbe* gibt die Hauptbedeutung,
☐ die *Vorsilbe* weist auf die besondere Bedeutung hin,
☐ die Endung entscheidet über die Rolle im Satzbau.

Verwechselbare Formen sind häufig auch absichtlich, z. B. in Sprichwörtern verwendet worden. Beispiele:

Tē prodět faciēs, tūrpiter cūm faciēs. (Pentameter)
Bono probari malo quam multis malis. (Malle und malus)

Dich wird dein Gesicht verraten, wenn du schändlich handelst (handeln wirst).
Ich will lieber einem Guten gefallen, (annehmbar gemacht werden), als vielen Bösen.

Zur Wortbildungslehre

152 *Intensiva* (verstärkende Verben) werden von den Stammverben gebildet, indem man vom *part. perf.* ein neues Verb auf *-are* bildet, z. B.:

spicere – spectare
habere – habitare
trahere – tractare usw.

153 Inchoativa (Incohativa) auf – escere (-ui) bezeichnen das Werden einer Erscheinung, z. B.:
rubere – rot sein; rubescere – rot werden
nitere – glänzen; nitescere – anfangen zu glänzen, erglänzen

154 Verba auf *-are, ēre* kennzeichnen meist einen Zustand; Verba auf *-ěre* vom selben Stamm geben die Tätigkeit wieder:
stare – stehen; sistěre – sich stellen
pendere – hängen; penděre – etwas aufhängen
sedere – sitzen; (con)siděre – sich hinsetzen, niederlassen.

155 Wird von einem Verb ein Substantiv auf *-io* gebildet, so bezeichnet es die Handlung selbst (ursprünglich).
actio, ionis f. – die Handlung

156 *Substantiva* auf *-or* geben den Täter, den Handelnden, wieder.
imperator – Befehlshaber; orator – Redner; cursor – Läufer; actor – Schauspieler, Ankläger usw.

157 Die Bildungen auf *-us, -us* bedeuten ursprünglich die fertige Handlung und ihr Resultat.
ornatus, -us – Schmuck; apparatus, -us – die fertige Zurüstung.

158 Leider werden die ursprünglich bedeutungsklaren Formen übertragen. Hierzu ein besonderes Beispiel:
von reor, ratus sum, reri – (eigentlich: rechnen, dann: glauben) stammt ratio, -nis:
    das Rechnen (nomen actionis)
    das Organ, mit dem man rechnet – Vernunft (nomen actoris)
    das Resultat der Berechnung – Methode usw. (nomen rei actae).
Es ist also gut, Bedeutungen zu entwickeln, aber im Zweifelsfall müssen sie nachgeprüft werden. So gibt die Wortbildungslehre wichtige Hinweise, ist aber nicht ganz zuverlässig für den Übersetzer.

159 In der Regel führen Ableitungen zur *stufenweisen* Erweiterung der Stämme. Beispiel:

pes, pedis m.   Fuß
pedes, -ditis m.   (Fußgänger), Infanterist
(peditare)   (fußeln)
peditatus, -us m.   (Fußlerei) Fußvolk

equus, -i m.   Pferd
eques, -itis m.   Reiter
equitare   reiten
equitatus, -us m.   Reiterei

Exemplarisches Vokabular

160 aestus, -us m.   Brandung, Hitze (was wallt)
exaestuare   aufwallen
Verwechslungsgefahr!
aestas, -tis f.   Sommer
aetas, -tis f.   Alter, Zeitalter, Lebensalter

161 accendo, -di, -ensum, -dere   anzünden
(incendere)
incendium, -ii n.   Brand
Verwechslungsgefahr! accedere   (s. 174 cedere)
ascendere   hinaufsteigen, ersteigen

162 accipio, -cepi, -ceptum, -cipere   empfangen, übernehmen (zu capere)
Auch *concipere, recipere, excipere* können diese Bedeutung übernehmen. Man kann einen Gegenstand aus einer Reihe anderer heraus *(ex)*, mit beiden Händen zusammen *(con)*, zu sich zurück *(re)* nehmen. Sogar *suscipere* kann – neben unternehmen – diese Bedeutung annehmen, besonders wenn *sub-* im Sinne von heimlich gemeint ist.

163 aedes, aedis f. — das Gemach (davon aedificare – bauen)
aedes sacra — Tempel (der ja nur ein Gemach für die Gottheit hat)
aedes, aedium f. — Wohnung (Haus mit mehreren Gemächern)

164 alius, -ia, -iud — ein anderer (gen. *alterius*)
alter, altera, alterum — der eine (oder andere) von zweien
alii ... alii — die einen ... die anderen, wenn nicht auf zwei Gruppen bezogen: es könnte ein drittes *alii* folgen
alius alium (alii alios) — entspricht einer deutschen Verdoppelung: der eine den einen, der andere den anderen oder einfacher: jeder einen anderen

165 altus, -a, -um — hoch, tief (von *alere* – großziehen, ernähren)
altitudo, -inis f. — Höhe, Tiefe
altum, -i n. — die hohe See (ergänze: mare), weil man das Meer vom Ufer aus als ansteigend empfindet (Kugelgestalt der Erde)

166 anceps, -cipitis — doppelköpfig (zu: caput, -itis – Kopf)
ancipite Marte, ancipite proelio — bei unentschiedenem Kampf
praeceps, -ipis — kopfüber
praecipitare — kopfüber stürzen
aber:
princeps, -cipis (qui primum capit) — wer zuerst anfaßt (bei Kampf, Beute, Rede); schließlich: der führende Mann, der Fürst
deinceps — der Reihe nach

167 aperio, aperui, apertus, aperire — öffnen
loca aperta — offenes Gelände
Verwechslungsgefahr!
operior, -ui-, opertum, operire — bedecken, schließen
opperior, oppertus sum, opperiri — erwarten

168 at — aber
ac, vor Vokal atque — und auch, und sogar (nach *idem, par, similis* – wie; auch quam – wie, bei Livius)

169 avaritia, -ae f. — Habsucht (nicht Geiz! – Geiz heißt im Deutschen mangelnde Ausgabefreudigkeit, gerade das kann man den römischen Vornehmen nicht vorwerfen.)
avēre — begehren
avidus — gierig

170 barbarus, -i — ausländisch (zu balbus – stammelnd, der nur gebrochen spricht, und zu dem griechischen barbaros)

171 bellum, -i n. — Krieg (aus: duellum – Zweikampf)
Verwechslungsgefahr!
bellus, -a, -um — schön (selten, aber dann irreführend)

172 caedes, is f. — Gemetzel (von caedere – fällen, töten)
Verwechslungsgefahr!
clades, -is — Niederlage, Schlappe
strages, -is f. — das Hinbreiten (als Sprachbild dem deutschen Niederlage am verwandtesten)

Dem Gebrauch nach ist *strages* aber nicht mit *clades* identisch, sondern mit *caedes*. Eine augenblickliche *caedes* oder *strages* braucht nicht zu einer *clades* führen.

173	causa, -ae f.	Rechtssache, Prozeß
	incusare	beschuldigen
	accusare	anklagen
	excusare	entschuldigen
	causam orare	einen Prozeß führen
	causam agere	Anklage führen
	causam dicere	Verteidigung führen
	causa	Sache überhaupt
	causa	Grund, Ursache
	causa	wegen (zur Präposition erstarrt)

174 cedo, cessi, cessum, cedere — schreiten, gehen (militärisch: rücken, weichen)
(nach concedere) — nachgeben
concedere — zusammengehen, -rücken (damit Platz machen), einräumen, weichen, überlassen
procedere — vorrücken, hervortreten, Fortschritte machen (Merkwort: Prozeß – chemisch oder juristisch)
praecedere — vorangehen, übertreffen
recedere — zurückgehen, (ent)weichen
intercedere — dazwischen gehen, dazwischentreten, Einspruch erheben, dazwischen vergehen
antecedere — übertreffen, vorangehen (vgl. praecedere)
accedere — heranrücken, darangehen, dazukommen
Verwechslungsgefahr!
accidit, ut — es geschieht, daß
(huc) accedit, ut — dazu kommt, daß
decedere — weggehen, sterben (vita decedere)
discedere — auseinandergehen, abrücken, weggehen
superior discessit — er zog als Sieger ab
incedere — einherschreiten, beschreiten, anrücken
omnes maeror incessit — alle befiel Trauer
succedere — nahe heranrücken, nachfolgen, glücken
succedit (contingit) — es gelingt
excedere — herausgehen, abrücken

175 cerno, *crevi,* cretum, cernere — (ent)scheiden, unterscheiden, sehen, erkennen
discernere — unterscheiden (dazu: discrimen, s. 185)
decernere — beschließen (Merkwort: Dekret)
Verwechslungsgefahr!
crescere, *crevi,* cretum — wachsen

176 cogo, coegi, coactum, cogere — zusammentreiben, -führen (aus: co + agere)
exercitum, copias cogere — ein Heer, Truppen zusammenbringen
aliquem cogere — jemanden zwingen (in die Enge treiben)

177 comes, -itis m. — Begleiter
comitari — begleiten
comitatus, -us m. — Begleitung
Verwechslungsgefahr!
comis, -e — freundlich
comitas, -tis f. — Freundlichkeit

178 confertus (auch: refertus) — vollgestopft, dichtgedrängt
farcio, farsi, fartum und farctum, farcire — stopfen
Verwechslungsgefahr!
confero, contuli, collatum, conferre — zusammenbringen, vergleichen
se conferre — sich begeben

179 consto, -stiti, -stare — feststehen, bestehen aus, kosten
consistere, stiti — bestehen, Halt machen, sich aufstellen
constituo, -ui, -utum, -uere — auf-, feststellen, beschließen
Theoretisch möglich ist also ein Satz wie:
Constat agmen in planitie *constitisse* ibique ducem aciem *constituisse.* — Es steht fest, daß die Marschkolonne in der Ebene Halt machte und der Feldherr dort die Schlachtreihe aufstellte.

180 crimen, -inis n. — Vorwurf, Anklagepunkt (übersetze nie: Verbrechen)
crimini dare, tribuere — zum Vorwurf machen

181 cum (= quom) — Präposition: mit (bei abl. mod. u. soc.)
    Konjunktion beiordnend
cum – tum — sowohl – als auch (besonders)
    Konjunktion unterordnend mit Indikativ
cum relativum — zu dem Zeitpunkt, da
cum iterativum — jedesmal wenn
cum coincidens od. inversum — indem
cum inversum — da (nach paene, vix usw. oder einem entsprech. Hauptsatz: Die Hauptsache folgt erst mit cum

    Konjunktion unterordnend mit Konjunktiv:
cum historicum — als, nachdem
cum causale — da, weil
cum adversativum — während dagegen (**Verwechslungsgefahr** mit dum – während)
cum concessivum — obschon

182 deficio, -feci, -fectum, -ficere — nachlassen (intransitiv), verlassen (transitiv)
vires me deficiunt — die Kräfte verlassen mich
animo deficere — den Mut sinken lassen *(abl. lim., 73)*

183 deligo, -legi, -lectum, -ligere — auslesen
dilectus, -us m. — Aushebung (von Truppen)
Verwechslungsgefahr!
diligo, -lexi, -lectum, -ligere — lieben
diligentia, -ae f. — Sorgfalt, Umsicht, Gewissenhaftigkeit (was man mit Liebe tut)

Beispiel:
Deligere oportet, quem vis diligere — Man muß auswählen, wen man lieben will (zum Freund haben will).

184 dubitare (von duo) — entspricht dem deutschen: *zwei-feln*
dubitare bei *infinitivus* — schwanken, zögern, etwas zu tun
dubitare vor ind. Frage — zweifeln, ob ... oder (utrum an)
dubitare beim a. c. i. — bezweifeln, daß
non dubitare, quin — nicht zweifeln, daß (coni. consec.)

185 discrimen, -minis n. — Scheidepunkt, Unterschied, der Augenblick, da sich etwas entscheidet, im entscheidenden Augenblick, im Augenblick höchster Gefahr

186 duco, duxi, ductum, ducere — führen (Heer, Pferd, Wall und Graben); hinziehen, in die Länge ziehen
bellum ducere — den Krieg hinziehen, aber:
bellum gerere — Krieg führen

187 et — und; aber auch abgekürztes *etiam*: auch
Beispiel:
in magnis et voluisse sat est — In großen Dingen ist auch der Wille (gewollt zu haben) genug.

188 ex — aus, weg, von; aber auch: aufgrund von
ex senatus consulto — aufgrund eines Senatsbeschlusses

189 expers, -tis — unteilhaftig (von pars)
Verwechslungsgefahr!
expertus — erfahren habend (von experior, expertus sum, experiri)

190 exsultare — frohlocken (zu exsilire – aufspringen)
Verwechslungsgefahr!
exulare — in der Verbannung sein
exilium, i. n. — Verbannung

191 facundus — beredt (zu fari, fateri, fatum usw.)
Verwechslungsgefahr!
fecundus — fruchtbar (zu ferre, fertilis usw.)

192 fero, tuli, latum, ferre — tragen, bringen
conferre (s. 178)
differre — verschieden sein (nur im Präsensstamm), sonst aufschieben

refero, rettuli, relatum, referre — zurückbringen, berichten
referre ad — beziehen auf (Merkwort: Relativum)
Verwechslungsgefahr!
refert, retulit (zu re -fert) — es liegt daran, es nützt (s. 102)

193 fingo, finxi, fictum, fingere — bilden, erdenken, erfinden (ursprünglich aus Ton, daher fictilis – tönern, Merkwort engl. fiction)
Verwechslungsgefahr!
figo, fixi, fixum, figere — heften (Merkwort: Fixstern, Kruzifix)
confligo, -flixi, -flictum, -fligere — zusammenschlagen, kämpfen (zu figere – schlagen, Merkwort: Konflikt)

194 fore (= futurum esse); forem fores, foret usw. = essem usw. — besonders bei Livius regelmäßig anzutreffen

195 gratia, -ae f. — (ursprünglich: was angenehm ist; zu *gratus* – angenehm, dankbar), Anmut, Gunst, Beliebtheit, Dank (weil Dankbarkeit beliebt macht)
gratiam habere — Dank wissen (im Herzen)
gratias agere — Dank sagen (agieren wie ein Schauspieler mit Gesten und Wortfülle)
gratiam referre — Dank abstatten (mit der Tat)

196 hostis, -is m. — Staatsfeind, Kriegsgegner (wird ein Bürger zum hostis erklärt, verliert er jeden Rechtsschutz)
Verwechslungsgefahr!
inimicus, -i m. — der persönliche oder Parteifeind (Gegensatz: *amicus*, was oft Parteifreund und weniger bedeuten kann)
amice — freundlich
adversarius, -ii m. — (paßt immer) Gegner

197	ignosco, -novi, ignoscere	verzeihen (*nicht:* nicht wissen!)
	cognosco, -novi, -nitum, -noscere	erkennen
	novisse	kennen (erkannt haben)
	notus	bekannt
	ignotus	unbekannt (*nicht:* verziehen)
198	interdum	bisweilen
	interim (= interea)	inzwischen (interea aus inter-ea, s. 64)
199	imperium, -ii n.	Befehl, Befehlsgewalt, Befehlsbereich, daher: das Reich
	imperator, -oris m.	Feldherr, Hoheitsträger (siehe imperium); Titel, der von der Truppe nach glücklichem Kampf verliehen und dann vom Senat anerkannt und benützt wird; bei Kaisern: Formsache
200	is, ea id	er, sie, es; dieser; derjenige (vor *Relativpronomen*); ein solcher, derartiger (vor *consec. ut* oder *Relativpronomen*), muß vom Übersetzer oft ergänzt werden
201	iterum	wiederum
	iter, itineris n.	Weg, Reise (*gen. pl.* itinerum – Verwechslungsgefahr mit iterum)
202	labor, -oris m.	Mühe (die man hat oder sich macht), nicht Arbeit im deutschen Sinne
	opus, -eris n.	Werk, Arbeit; militärisch: Schanze oder Schanzarbeit
	laborare ex capite	Kopfschmerz haben (*nicht* Kopfarbeit!)
	laborare	Mühe haben
	operari	werken, schaffen
203	memoria, -ae f.	Gedächtnis, Erinnerung, aber auch die Zeit, an die man sich erinnern kann, also:
	nostra memoria	zu unserer Zeit
	patrum nostrorum memoria	zu Denkzeiten unserer Väter
	commemorare	erwähnen (*nicht:* erinnern!)
	admonere	jd. erinnern
	meminisse	sich erinnern
204	mitto, misi, missum, mittere	(eigentlich: von sich lassen), schicken, schleudern
	amittere	verlieren, wegschicken (seltener!)
	permittere	durch(gehen) lassen; zulassen, erlauben; überlassen
	committere	(zusammenkommen lassen), sich einlassen auf (*scelus, proelium committere*), beginnen; anvertrauen (*filiam, se navi*)
	summittere	hinablassen (*in fluvium*), zu Hilfe schicken
	intermittere	dazwischen freilassen, unterbrechen (*proelium*), dazwischen verstreichen lassen (*spatio intermisso*)
	demittere	hinablassen (*de muro*), sinken lassen (*animum*)
	promittere	versprechen (in Worten vorausschicken)
	omittere	fahren lassen (*consilium*), vorbeilassen (*occasionem*), übergehen (in der Rede)
	praetermittere = omittere	
	dimittere	auseinanderschicken (*nuntios*), laufen lassen (*hostem e manibus*), aufgeben (*arma; provinciam*) entlassen (*milites; senatum*)

205	nescio an (haud scio an)	ich weiß nicht, ob ... (kann eine indirekte Frage einleiten, aber auch formelhaft einfach *vielleicht* heißen, sogar ein Indefinitivpronomen vertreten)
	Inest nescio qui angor in animo meo	Es ist ich weiß nicht was für eine Beklemmung in meinem Gemüt.
206	opus est (mihi aliqua re)	es ist nötig, ich brauche etwas, muß etwas tun
	oportet	es gehört sich (man muß, soll)
	necesse est	es ist unausweichlich (zu cedere)
	debeo	ich muß (moralisch oder juristisch)
	cogor	ich werde (oder bin) gezwungen
207	pario, peperi, partum, parĕre	gebären, gewinnen (hervorbringen)
	partus, -us m.	Geburt
	honoribus partis	nach erlangten Ehrenstellen
	victoria parta	nach gewonnenem Sieg
	Verwechslungsgefahr!	
	partior, partitus sum, partiri	(zu)teilen
	pars, partis f.	Teil
	parere	gehorchen
208	porta, -ae f.	Türe
	portus, -us m.	Hafen
	porticus, -us f.	Säulenhalle, -gang
209	potentia, -ae f.	Macht (man versteht darunter alles, was man zur Erreichung seiner Ziele einsetzen kann. Dazu gehören alle im folgenden zusammengefaßten Begriffe)
	potestas, -tis f.	Amtsgewalt (Macht = Verfügungsgewalt)
	auctoritas, -tis f.	Ansehen (z. B. im Senat oder beim Volk)
	opes, opum f.	Machtmittel (besonders Geld und Truppen)
	dicio, -ionis f.	Botmäßigkeit (wer das „Sagen" hat)
	vis, vim, vi f.	Gewalt(anwendung)
210	pedica, -ae f.	Fußfessel (älter: pedis, pedis f.)
	impedire	einfesseln, (be)hindern
	impeditus	behindert (mit Gepäck)
	impedimenta, -orum n.	Troß (das hindernde Zeug)
	expedire	von Fesseln (Gepäck) freimachen
	expeditus	kampfbereit
211	plicare	falten (frz. plisser; Merkwort: Plisseerock)
	implicare	einfalten, einwickeln, verwickeln (in)
	complicare	zusammenfalten, einwickeln (Merkwort: kompliziert)
	explicare	auseinanderfalten, erklären
	plex, plicis	fältig
	simplex, (semel + plex)	einfältig, einfach
	duplex (duo + plex)	zweifach, doppelt
	triplex	dreifältig, dreifach
	acies triplex	dreifache Schlachtreihe
	multiplex	vielfältig
	multiplicare	vervielfältigen (multiplizieren)
	supplex	eigentlich: unten (an den Knien) eingefaltet, kniefällig
	supplicare	(kniefällig) bitten, beten
	supplicium, -ii n.	Haltung des Knienden, also:
		Todesstrafe (weil man zum Enthaupten kniet)
		Bitten und Beten (vor Gott knien)
	supplicatio, -ionis f.	Gebetsgottesdienst, Dank-, Bußgottesdienst

212	probare	annehmbar machen (einem anderen), billigen (selber), *nur ganz selten:* erproben
213	quaero, quaesivi, quaesitum, quaerere	suchen, fragen (ex aliquo)
	quaestor	(der Frager) Untersuchungsrichter, Schatzmeister (deutsch: Schultheiß, der die Schulden heischt)
	inquiro, -quisivi, quisitum, -quirere	aufsuchen, nachforschen, untersuchen (Merkwort: Inquisition)
	quaestio, -onis f. **Verwechslungsgefahr!**	Frage (vgl. engl. und frz. question)
	queror, questus sum, queri	sich beklagen
	querela, -ae f.	Klage, Beschwerde
214	quam	Akkusativ zu *quae* (Relativpronomen) als (Komparativ), z. B. *maior quam* nachdem, (vor)ehedem nach *post(ea), ante(a), prius = postquam, antequam, priusquam* bei Livius nach *idem* (statt: *ac*)
	quam celerime	so schnell wie möglich
215	quamquam (tamen)	obwohl (in relativischer Anknüpfung *dennoch*) deutsches Beispiel: ich dankte ihm nicht, obwohl ich seinem Rat folgte; *dennoch* folgte ich seinem Rat
216	quamvis	wenn auch (noch so) (eigentlich: wie du willst) in Konzessivsätzen
	quae nocitūra tenés, quamvís sint clára, relíque	was du (als für die Zukunft) Schädliches hast, laß es, wenn es auch noch so schön ist (sei).
	in silvis quamvis magnis	vor Adjektiven in Wäldern noch so groß
217	quin (aus: qui — ne)	wie nicht, warum nicht (ursprünglich im *Fragesatz*) statt: *qui non, quae non, quod non (Konsekutivsatz)* statt: *ut non* nach einigen verneinten Ausdrücken (z. B. *non dubitare*) wird gelegentlich am besten mit *ohne daß* wiedergegeben mit und ohne *etiam:* ja sogar (beim beigeordneten Satz oder Satzteil)
218	quippe	ja (in begründendem Sinne)
	compertum quippe habebat	er hatte es ja als Erfahrenes (er wußte ja sicher)
	quippe qui (besonders häufig)	der ja, weil er ja *(coni. caus.)*
219	quod	welches *(pron. rel.,* auch wenn id ergänzt werden muß) was *(pron. rel.,* auf einen ganzen Satz bezogen) relativische Anknüpfung statt *hoc* (auf das Vorhergehende bezogen) weil (mit *ind.* oder *coni.*) was das betrifft, daß *(quodsi* – was das betrifft wenn, auf das Folgende bezogen) daß (sogenanntes faktisches quod bei Indikativ)
220	res publica	die öffentliche Sache, Sache des Volksganzen *(populi);* das öffentliche Leben;
	(in re publica versari	politisch tätig sein)
		das öffentliche Interesse;
	(e re publica est; rei publicae interest	es ist im öffentlichen Interesse)
		Staat
	(rem publicam evertere	den Staat umstürzen)

	res publica (libera)	Republik (Gegensatz zu Tyrannei und Monarchie), wobei fast immer ausdrücklich *libera res publica* gesagt wird. Ausnahme: Cicero läßt Cäsar gegenüber das *libera* auch weg, da Cäsar weiß, was gemeint ist.
221	secundus	(ursprünglich: der folgende – *part. praes.* von sequi) der zweite (der nach dem ersten folgt) günstig
	secundo vento	bei Rückenwind (der folgt, von hinten weht)
	secundo flumine	flußabwärts (ist günstiger, wenn man watet oder rudert)
	adverso flumine	flußaufwärts
	secundae res	Glück (günstige Umstände)
	adversae res	Unglück (ungünstige, widrige Umstände)
222	sero, sevi, satum, serere **Verwechslungsgefahr!**	säen, pflanzen (Merkwort: Saat)
	sero, serui, sertum, serere	reihen, anfügen (series – die *Serie*)
	manus (con) serere	die Hände ineinanderflechten, handgemein werden
	deserere	verlassen, (aus der Reihe gehen; Merkwort: Deserteur)
	loca deserta **Verwechslungsgefahr!**	Wüste
	disertus	beredt (der auseinanderreihen kann)
223	subsidium, -ii n.	Hilfe, Reserve, Entsatz (wohl, weil die Reserve sich zunächst setzt)
	Verwechslungsgefahr!	
	supplementum, -i n.	Ersatz (mit dem Truppen aufgefüllt werden)
	praesidium, -ii n.	Garnison, Stützpunkt, Schutzmannschaft (sitzt wohl vor dem Kampf vor dem zu Schützenden); Vorsitz
224	tantum	soviel (Menge) **(Verwechslungsgefahr!** tot – soviele (Zahl)) nur (aus: nur soviel)
	arma tantum	nur die Waffen
	non tantum, sed etiam = non solum, sed etiam	nicht nur, sondern auch
	tantum modo	eben nur (verdoppelt: modo – nur; tantum – nur)
225	tempus, -oris n.	Zeit (auch: Gelegenheit)
	tempora amicorum	bei Cicero: Gelegenheiten (da die Freunde ihn brauchen, als Verteidiger z. B.)
	suo tempore; in tempore	zur rechten Zeit
	tempestas, -atis f.	Sturm, Unwetter (auch einfach: Zeit bei Sallust)
226	tendo, tetendi, tensum (tentum), tendere	spannen
	tentum, -i n.	Zelt
	intendere	auf etwas spannen (Merkwort: Intention)
	ostendere	zeigen (eigentlich: entgegenstrecken)
	contendere (contendi)	sich anspannen, kämpfen, eilen
	contentus **Verwechslungsgefahr!**	angespannt
	contineo, -ui, -tinere	fest zusammenhalten
	terra continens **Verwechslungsgefahr!**	das Festland
	contentus	zufrieden (der sich zusammenhält)
	continentia, -ae f.	Genügsamkeit (Gegensatz: avaritia, s. 169)

227 tenus   bis (örtlich und zeitlich)
     Roma tenus   bis Rom *(abl.)*
     hactenus   bis hierher
     quatenus   bis wohin
     protinus   weiterhin

228 ultra   darüber hinaus, jenseits
     ultra fines   über die Grenzen
     Verwechslungsgefahr!
     ultro   von sich aus, aus freien Stücken

229 ut (uti)   wie (bei *ita*)
     ut erat strenuus, ita patiens laborum   wie er tüchtig war, so auch Mühen ertragend (abgehärtet)
     dives ut inter barbaros   für einen Barbaren reich (reich, wie man es unter Barbaren verstehen muß)
     ut erat callidus   schlau, wie er war
     ut (ut primum; ubi primum)   sobald
     ut (finale)   daß, damit (Negation: *ut ne* oder *ne*)
     ut (consecutivum)   häufig nach vorhandenem oder gedachten Hinweis (tam, ita, tantus, is usw.). Beabsichtigte Folge gilt als Finalsatz

230 venio, veni (ventum), venire   kommen
     Verwechslungsgefahr!
     veneo. venii, venire   verkauft werden (aus: *venum ire* – zum Verkauf gehen)
     vendo, vendidi, venditum, vendere   verkaufen (aus: venum dare – zum Verkauf geben)
     venditare   *intensivum* zu vendere

231 verum, vero   aber, wahrhaftig (statt: sed)
     Verwechslungsgefahr!
     Fälle von verum, -i n.   das Wahre
     oder: verus   wahr

232 vis, vim, vi   Gewalt (auch Menge)
     vires, -ium f.   die Kräfte
     Verwechslungsgefahr!
     viri, -orum m.   Männer

233 vinco, vici, victum, vincere   (be)siegen
     convincere   ganz besiegen, (juristisch) überführen (Merkwort: engl. convict – Sträfling, Überführter)
     Verwechslungsgefahr!
     vivo, vixi (victurus), vivere   leben
     vincio, vinxi, vinctum, vincire   fesseln
     vinculum, -i n.   Fessel

Textsammlung: Vokabeln, grammatische Hinweise, Übersetzungen

Hintergrundinformationen zu den Texten

Cäsar, Staatsmann und Offizier, schreibt einen knappen, meist leicht durchschaubaren Stil (Bell. Gall. I–VII), der schon gegen die Werke der Offiziere und Sekretäre, die sich an ihm geschult haben, vorteilhaft absticht (Bell. Gall. VIII und die Bürgerkriegsschriften). Er hat sogar ein Lehrbuch des Lateinischen geschrieben, das von Cicero gelobt wird. Grundsätzlich finden sich bei ihm dieselben Sprach- und Satzmuster wie bei den anderen „Schulklassikern", und gelegentlich werden auch seine Sätze für den Neuling problematisch, selbst wenn dieser schulmäßig die Grammatik ganz wacker beherrscht. Cäsars Vorteil ist: er schreibt Selbsterlebtes mit den Augen des Fachmanns, allerdings nicht, ohne seine Rolle vor dem Leser zu beschönigen und zu verteidigen. Cicero und Cäsar schätzten sich gegenseitig als Persönlichkeiten und gebildete Männer sehr, und tatsächlich hat Cäsar seinen politischen Gegner mit größtem Zuvorkommen und mit Schonung behandelt – besonders nachdem er ihn politisch ausgeschaltet hatte.
Von ihm stammen die Texte 2, 9, 10, 13.

Ciceros Rolle läßt sich etwa so umreißen: In der Frühzeit ist seine Kritik am Hochadel und dessen Günstlingen beachtlich. Dafür zeugen einzelne Reden wie auch der große Verresprozeß. Nie aber steht er gegen den Senat grundsätzlich; er verteidigt als Konsul die ausgehende Republik gegen Catilinas Verschwörung (63 v. Chr.). Sein Programm ist die *concordia ordinum*: Senatoren und Ritter sollen zusammenhalten, statt sich um einzelne Befugnisse zu streiten (z. B. Richterbeisitze). Sonst werde die Macht Einzelnen zufallen, die sich die Gunst der *plebs* gewinnen könnten. Folgerichtig geht er auf den Vorschlag Cäsars, bei der Verteilung der Staatsmacht mitzumachen, nicht ein. Daraufhin läßt ihn Cäsar fallen; er muß ins Exil. Nach seiner baldigen Rückkehr widmet er sich vor allem der Philosophie und rhetorischen Lehrschriften. Im 1. Bürgerkrieg (Pompeius-Cäsar) steht er zwar auf Seiten des Pompeius, wird aber von seinen Parteigenossen bedroht, weil er ständig zum Frieden rät. Der Sieger Cäsar nimmt ihn großzügig und unter ehrenvollen Umständen auf. Trotzdem jubelt er bei Cäsars Ermordung (44 v. Chr.), an der er weder direkt noch indirekt beteiligt ist: Er hofft auf Wiederherstellung der Republik. Daß sie schon deutliche Zerfallserscheinungen vor Cäsars Alleinherrschaft aufwies, beweisen die Texte 11, 12. Gegen den Totengräber der Republik, M. Antonius, setzt er seine ganze Energie ein in den *Philippicae orationes in M. Antonium* (so genannt nach den Reden des Demosthenes gegen König Philipp), er spielt um Kopf und Kragen – und verliert. Als Antonius durch das 2. Triumvirat (Octavian, Antonius, Lepidus) Luft bekommt, läßt er ihn ermorden (43 v. Chr.). Die *Philippicae* mit ihren hämmernden Sätzen galten den späteren Rhetoren als die besten Reden; sie schätzten sie höher als die früheren, die blumiger und periodenreicher sind.

Der erste große Stoffkomplex, der hier behandelt wird, ist der *Verresprozeß*. C. Verres war 80 v. Chr. Legat in Asien, 74 *praetor urbanus,* 73 bis 71 in prätorischem Rang Statthalter in Sizilien. Von Cicero auf Bitten der Sizilier angeklagt, ging er nach dem ersten Prozeßtag ins Exil, blieb aber so reich, daß er von Antonius 43 geächtet wurde, der seinen Besitz wollte. Cicero arbeitete sein Material in Form eines Buches aus (70 v. Chr.), um die ganze Untersuchungsarbeit umsonst gemacht zu haben, um sich bekannt zu machen (als Anwalt und Stilist) und um die Korruption des Adels einzudämmen. Denn die Praktiken des Verres waren zwar besonders skrupellos, aber auch sonst bereicherten sich die Statthalter ziemlich rücksichtslos. Besonders erbittert hat Cicero, daß Leuten wie Verres alle Türen offen standen und sie ohne weiteres die besten Verteidiger fanden; so den Hortensius (dessen Haus später Augustus erwarb und als Herrscher bewohnte). Cicero beklagt sich, daß ihm – aus plebejischer Familie, die zum Ritterstand aufgestiegen war – die Patrizier trotz seiner Bildung und seines Könnens lange die kalte Schulter zeigten, nicht aber einem Lumpen wie Verres. Daher der Angriff auf Horten-

sius in Text 22. Beide söhnten sich aber bald aus; Hortensius beantragte 53 die Aufnahme Ciceros ins Augurenkollegium.
Zum Verresprozeß gehören die Texte 1, 8, 22.
Für die Persönlichkeit des *Antonius* ist charakteristisch, daß er als Testamentsvollstrecker Cäsars auftrat, sich aber ständig auf Dokumente berief, die er nie vorlegte, so daß Cicero zum Verteidiger der Anordnungen des toten Cäsar wurde, deren Nutzen er richtig einschätzte und mit denen er Antonius einzudämmen hoffte. Nie verziehen hat Cicero dem Antonius, daß er es war, der Cäsar die Königskrone angetragen hatte, daß er Truppen nach Rom (was die Verfassung verbot) und sogar in den Senat brachte, ferner daß er, als Cäsars Veteranen nicht alle so wollten wie er, in Brundisium 300 Centurionen (Bürger!) abschlachten ließ. (Daher auch der wütende Kampf der Legio Martia gegen die Antonianer). Die späteren Abenteuer des Antonius (Bürgerkrieg, Kleopatra) fallen nicht in den Bereich unserer Texte.
Aus den *Philippicae* stammt der Text 24.
Die Qualität des **Livius** (gest. 17 n. Chr.) als eines guten Stilisten sehen wir mit einem lachenden und einem weinenden Auge. Seine umfassenden Berichte, die Reden, die er den Staatsmännern und Feldherren in den Mund legt, sind Meisterstücke farbiger Sprachkunst. Obwohl er oft auch verschiedene Ansichten seiner Quellen erwähnt, also durchaus nicht unkritisch ist, hat sein stilistisches Können sicher dazu beigetragen, daß ältere Geschichtswerke (außer Cäsar und Teilen des Sallust) fast untergegangen sind. Dabei ist sein Urteil, z. B. auf militärischem Gebiet, keineswegs so überzeugend (so die Übertreibung in Text 14, wo er einen ganzen Wald ansägen läßt). Er schwärmt für die *mores maiorum,* was sich in einer Überbetonung der Vorzeichen u. ä. zeigt; sie sind freilich für den Religionswissenschaftler nicht uninteressant. Hier sind im allgemeinen Texte aus dem 2. Punischen Krieg bevorzugt (Buch XXI–XXX), so die Texte 3, 7, 14, 15, 17, 18, 19, 20.
Unter den vier „Schulklassikern", auf die sich unsere Beispiele bewußt beschränken, ist **Sallust** der eigentümlichste. Seine knappe Sprache verrät den cäsarischen Parteigänger, aber er ist durchaus eigenständig, bevorzugt altertümliche Formen, die vielleicht in manchen Kreisen noch lebendig waren, vielleicht ältere Vorbilder widerspiegeln. Sein Wortschatz ist eigenwillig und sträubt sich manchmal gegen die Übertragung; er läßt sich selten so präzis wiedergeben wie ein Cicerotext. Sein Einfluß auf spätere Schriftsteller, z. B. Livius, ist unverkennbar. Seine politische und militärische Karriere war nicht ohne Rückschläge; Cäsar rehabilitierte ihn und gab ihm die Gelegenheit, sich bei der Verwaltung Afrikas ganz schön zu bereichern. Aus seiner Abneigung gegen den Adel macht er kein Hehl und ist nicht unparteiisch.
Von ihm stammen die Texte 5, 6, 16.

Text A
Fabel (Phädr. I, 15)
Der Esel

Wörter

1 asellus, -i m.: Esel (Verkleinerung v. *asinus*) – 3 pratum, -i n.: Wiese – 5 pasco, pavi, pastum: weiden lassen, dazu pascor, pastus sum: weiden, fressen – 12 suadeo, suasi, suasum, suadere: raten (zu *suavis* angenehm, also: angenehm machen) – 20 lentus: langsam – 21 quaero; **213** (quaeso alte Aussprache); formelhaft *bitte* – 22 num: **117** – 23 bini: je zwei (zu *bis* zweimal) – 25 clitellae, -arum f.: Packsattel – 38 refert mea: **102**

Grammatik

5 pascebat: *impf. dur.* **104** – 12 suadebat: *impf. de con.* **104** – 15 ne: *fin.* **118** – 26/7 imp. vict.: *a.c.i.* **125** (und Einleitung davon) – 28 putas: *dir.* Frage, weil *quaeso* formelhaft, nicht Hauptverb – 32 quid: *pron. acc.* **62** – 36 serviam: *coni. der ind. Frage* **115** – 39/40 dum portem: *cond. Wunsch* **119**

Erstübersetzung

Seinen Esel weidete auf der Wiese ein ängstlicher alter Mann. Dieser, plötzlich erschreckt durch Geschrei von Feinden, versuchte dem Esel einzureden zu fliehen, damit sie nicht gefangen werden könnten. Aber jener (sagte) langsam: „Bitte, glaubst du (etwa), daß der Sieger mir je zwei Packsättel auflegen wird?" Der Alte verneinte. „Was liegt es also in meinem Interesse, wem ich diene, wenn ich (doch) nur meinen Packsattel trage?"

Endübersetzung

Den Esel auf die Weide trieb besorgt ein Greis.
Mit Schrecken hört er plötzlich schrein: ein Überfall!
Er rät dem Tier zur Flucht, sie würden sonst geschnappt.
Gemächlich meint es: „Ach, der Sieger wird mir wohl
Gedoppelt auf den Rücken binden meine Last?"
Der Greis verneinte. „Nun, so ist mir einerlei
Für wen ich fron', wenn meine Lasten bleiben gleich."
(Moral: Regierungs- und Regimewechsel betreffen den kleinen Mann am wenigsten)

Text B
Fabel (Phädr. I, 23)   Der treue Hund

Wörter

3 fur, -is m.: Dieb (zu *ferre*) – 6 canis, -is m.: Hund – 7 obicere: hier = proicere – 8 temptare: versuchen – 10 cibus, -i, m.: Speise – 12 capere: hier für sich einnehmen, bestechen – 13 heus: (oft auch *heu*) Ausruf, etwa „He!" – 16 vis: *2. ps. sg.* von *volo* (nicht *vis* Gewalt **209**) – 18 praecludere: (verstärktes *claudere*) schließen – 20 latrare: bellen – 21 pro: für **58** – 25 fallere (fefelli): täuschen (*falli* sich täuschen und getäuscht werden) – 21 iste: dieser da. – 31 benignitas, -tis f.: Güte – 32 vigilare: wachen (zu *vigil* wachsam und Wache) – 37 lucrum, -i n.: Gewinn (Merkwort: *lukrativ* gewinnbringend)

Grammatik

2 cum: *hist.* **181** – 7 ff. obi. cibo: *abl. instr.* **69** – 9 an: (hier) ob **117** – 19 ne: *final* **118** – 24 multum: *pron. acc.* **62** – 34 ne: *final* **118** – 35/6 mea culpa: *abl. instr.* **69**

Erstübersetzung

Als ein nächtlicher Dieb dem Hund ein Brot hingeworfen hatte, probierend, ob er mit hingeworfenem Futter bestochen werden könne, sagte der: „He! Du willst meine Zunge verschließen, damit ich nicht belle für die Sache des Herrn? Du täuschest dich sehr (viel). Denn diese plötzliche Güte heißt mich wachen, damit du nicht durch meine Schuld Gewinn machst."

Endübersetzung

Ein Dieb bot einem Hunde ein Stück Brot bei Nacht,
Probierend, ob er ihn mit Futter ködern könnt',
„He!", sagte der, „du willst verschließen mir das Maul,
Daß ich nicht belle für den Herrn? Du irrst dich sehr.
Es mahnt mich dieses unerwartete Geschenk
Zur Wacht, daß du nicht Beute raffst durch meine Schuld."
(Moral: Einen treuen Diener machen Geschenke mißtrauisch)

Text C
Sitten sind traditionsbedingt ((Nepos I, 1—2)

Wörter

2 dubitare: **184** – 3 fore: **194** – 4 plerique, pleraeque, pleraque: die meisten, sehr viele – 8 scriptura, -ae f.: Schriftwerk, Schreibart – 16 persona, -ae f.: Rolle (eigtl. Maske), schließl. Persönlichkeit – 19 relatum: zu *referre* berichten (nicht *refert* 102) – 22 musica, -ae f.: Musik (griech.) – 24 Epaminondas: 362 v. Chr. gefallen; machte Theben für kurze Zeit zur Vormacht Griechenlands – 29 commemorare: erwähnen (nicht: erinnern) – 30 saltare: tanzen, *intens.* (**152**) zu salire springen wie 35 cantare zu canere: musizieren, singen – 32 commodus: gehörig, auch bequem (eigtl. mit dem Maß) – 34 tibiae, -arum f.: Flöte (*plur.* weil Doppelflöte) – 38 disco, didici: lernen (Merkwort: Disziplin) – 45 turpis, -e: schimpflich – 49 institutum, -i n.: Einrichtung, Brauch – 52 admirari: bewundern, sich wundern – 55 Grai, -orum m.: Griechen (*Graecus* heißt eigtl. griechisch) – 57 expono- -posui, -positum: aussetzen, offen aufstellen (Merkwort frz. engl. *exposition*) – 70 citare: aufrufen, auch aufregen – 72 scaena, -ae f.: Bühne, Theater (griech.) – 73 vero: wahrhaftig (aber, vollends) – 74 prodire: vorgehen, auftreten – 78 spectaculum, -i n.: Schauspiel (zu spectare) – 84 turpitudo, inis f.: Schande (zu *turpis*, s.o. 45) 89 partim (*erstarrter acc.* **36**) teils – 90 infamis, -e: schamlos (was man nicht *fari* aussprechen kann) – 92 humilis, -e: niedrig (zu *humus f.* Boden, hier sozial gemeint) – 96 remotus: entfernt (eigtl. zurück-, wegbewegt) – 97 ponere: setzen, hier: setzen als (einordnen) – 98 contra: dagegen *adv.* **63** (*ea* gehört zum folgenden *quae!*) – 104 decorus: ehrenhaft (zierend, zu *decus*) – 113 pudet me: ich schäme mich – 117 convivium, -ii n.: Gastmahl – 122 familia, -ae f.: Hausgemeinschaft (einschließlich Gesinde); der genitivus – as (sonst verschollen) steht noch bei pater, mater, filius, filia – 126 aedes, -ium f.: Haus (= Gemächer), aber *aedes, -is f.* Tempel (der nur ein Gemach hat) – 129 celebritas, -tis f.: das Stark-besucht-sein, Belebtheit – 130 versari: sich bewegen, *intens.* **152** zu vertere – 143 propinquus, nahe, verwandt (zu *prope*) – 148 interior: *comp.* zu intra, der innere – 152 gynaeconitis f.: Frauenwohnung (griech.) – 156 accedere: **174** – 159 cognatio, -ionis f.: Verwandtschaft (durch Geburt, von *nascor*) – 160 coniungo, -iunxi, -iunctum: verbinden (zu *iugum* Joch)

Grammatik

6 hoc ff.: *doppelter acc. zu iudicare* **61** – 13 dignus c. abl. **134** – 17 indicent: *coni. cons.* nach *sunt, qui (fut.: fore, qui)* = solche Leute, daß sie **134** – 18 cum: *temp.* mit *ind. fut.* **181** – 19 relatum ergänze esse, *a. c. i.*, davon abhängig *quis* (ind. Fr.) **115** und *aut* ff. *a. c. i.* **125** – 23 docuerit: *ind. Fr.* **115** – 30 saltasse -cantasse: Kurzformen **27** – 40 eadem ff.: *a. c. i.* **125** – 41 omnibus: *dat. comm* (od. *incomm.*) **78** – 53 nos ff.: *a. c. i.* **125** – 54, 56, 57 in virtutibus exponendis: gerundivum (als *part.praes.pass.*) **23** – 64 tota Graecia: *abl. loc.* **52** – 68, 70 victorem citari: *a. c. i.* **125** – 69 Olympiae: *loc.* **50** – 76–78 populo esse spectaculo: *dat. comm.* u. *fin.* 79, 84 nemini turpitudini: *dat. comm.* u. *fin.* **78** – 85 quae: relativische Anknüpfung **141** *plur.* nach **47** – 99 ea pleraque: plur. nach **47** – 101, 102 nostris moribus: *abl. mod.* **74** od. *instr.* **69** – 131 quod: relativische Anknüpfung **219** u. **141** – 132 multo: *abl. mens.* **70** (zu *aliter*)

Erstübersetzung

Ich zweifle nicht, daß sehr viele sein werden, die diese Art des Schreibens als leicht und nicht hinreichend würdig der Rollen der bedeutendsten Männer beurteilen, wenn sie lesen werden, daß berichtet wurde, wer den Epaminondas Musik gelehrt hat, oder daß unter seinen Tugenden erwähnt wird, er habe angemessen getanzt und gekonnt auf der Doppelflöte geblasen. Diese werden, wenn sie gelernt haben werden, daß nicht dasselbe für alle ehrenhaft und schimpflich ist, sondern alles (durch die) nach den Einrichtungen der Vorfahren beurteilt wird, sich nicht wundern, daß wir beim Auseinanderlegen der Tugenden der Griechen ihren Sitten gefolgt sind. In großem Lob war fast in ganz Griechenland, als Sieger in Olympia aufgerufen zu werden; auf die Bühne vollends zu gehen und dem Volk zum Schauspiel zu dienen, gereichte bei denselben Völkern niemand zur Schande. Dies alles wird bei uns teils als ruchlos (?), teils als niedrig und von der Ehrbarkeit entfernt eingeordnet. Dagegen sind die meisten diejenigen Dinge nach unseren Bräuchen ehrenhaft, welche bei jenen für schändlich gehalten werden. Welcher Römer nämlich schämt sich, seine Frau zu einem Gastmahl zu führen? Oder wessen Hausfrau hat nicht den ersten Platz des Hauses und bewegt sich in (zahlreicher) Gesellschaft? Das geschieht ganz anders in Griechenland. Denn sie wird nicht zu einem Gastmahl zugezogen außer von Verwandten und sitzt nur im inneren Teil des Hauses, der Frauenwohnung genannt wird, wohin niemand kommt außer der durch enge Blutsverwandtschaft Verbundene.

Endübersetzung

Zweifellos werden die meisten diese Schreibweise für seicht und der geschichtlichen Rolle hervorragender Männer wenig angemessen halten, wenn da berichtet wird, wer den Epaminondas in Musik unterrichtet hat, oder wenn sie unter seinen Vorzügen aufgezählt finden, daß er ein guter Tänzer und kunstvoller Flötenspieler gewesen sei. Nun, wenn sie gelernt haben werden, daß nicht für alle dieselben Ehrbegriffe gelten, sondern all das nach der jeweiligen Tradition beurteilt wird, werden sie sich auch nicht mehr wundern, daß wir bei der Aufzählung der Vorzüge von Griechen deren Wertmaßstäbe anlegen. Als große Ehre galt es in ganz Griechenland, in Olympia zum Sieger ausgerufen zu werden; auf dem Theater vollends vor dem Volk als Darsteller aufzutreten war bei ihnen für niemand eine Schande. Das alles gilt bei uns teils als anrüchig teils als unvornehm und mit der Ehrbarkeit schwer vereinbar. Umgekehrt gilt nach unserem Brauch das meiste als ehrbar, was bei jenen für gesellschaftlich unmöglich gehalten wird. Denn welcher Römer scheut sich, seine Frau zu einem Gastmahl mitzubringen? Oder wessen Hausfrau hat nicht den Ehrenplatz im Hause und nimmt auch bei gesellschaftlichen Anlässen teil? Das ist in Griechenland ganz anders. Sie wird dort nicht zu einem Gastmahl zugezogen außer im Verwandtenkreis und hält sich nur im inneren Teil des Hauses auf, der sogenannten Frauenwohnung, wo niemand außer den nächsten Verwandten Zutritt hat.
(Diese Endübersetzung ist etwas freier, weil die vergleichende Sittengeschichte und Verhaltensforschung noch immer aktuell und eine gewisse „Vergegenwärtigung" angezeigt ist)

Text D
Winterlager (Caesar BG. III, 1)

Wörter

4 proficisci, -fectus sum, -ficisci: aufbrechen, reisen, marschieren (eigtl. sich voran machen) – Verwechslungsgefahr: *proficere* Fortschritte machen – 6. Ser.: abgek. Servius (seltener röm. Vorname) – 13 equitatus: **159** – mittere **204** – 21 finis, -is m.: Ende, Grenze, Ziel (plur. *fines* Gebiet) – 24, 25 lacu Lemanno: Genfer See – 32 pertinere ad: sich erstrecken bis (auch: gehören zu) – 33 causa, -ae f.: Grund **173** – 36 quod: weil **219** – 45 portorium, -ii n.: Zoll (zu *portare* und *per*) – 42 mercator, -is m.: Kaufmann (zu *merx, -cis f.* Ware) – 48 consuerant: Kurzform **27** (zu *consuesco, -evi, -etum* sich gewöhnen; Gegensatz: *consuefacere* einen andern gewöhnen) – 49 patefacere: öffnen (*pass. patefio*) – 52 permittere: **204** – 54, 55 opus est: **206** – 57 uti = ut **229** – 62 hiemare: überwintern – 63 causa: *präp.* – 64 collocare: plazieren (zu *locus*) – 66 secundus **221** – 67 aliquot: einige (= irgendwieviele **43**) – 70 castellum, -i n.: Burg (bei Römern: kleines Lager) – 71 complures: mehrere (dag.: plures mehr, ziemlich viele) – 77 undique: **45** – 78 legatus: Einl. S. 8 – obses, -idis mf.: Geisel – 84 constituere: **179** – 93 reliquus: übrig (aber relictus zurückgelassen!) 105 vicus, -i m.: Dorf (auch Wohnviertel) – 111 adiectus: anliegend (eigtl. dazugeworfen) – 112 planities, -iei f.: Ebene (zu *planus*) – 113 altus: hoch tief (v. *alere* ernähren, großziehen) – 115 undique: s.o. 77 – 116 continere: umgeben, eigtl. zusammenhalten – 124 alter: der eine von zweien (aber *gen. alterius* **35**) – 129 concedere: **174** – 131 vacuus: leer (Merkwort: Vakuum und evakuieren) – 134 relictam s.o. 93 – attribuere: zuteilen v. *tribuere* (eigtl. dritteln)

Grammatik

1 cum: *hist.* **181** – 13 equitatus: *gen. part.* **92** – 34 mittendi: *gerundium* **25** – 37, 49 iter... patefieri: *a. c. i.* **125** – 40 quo: *abl. instr.* **69** (lat.: mit Hilfe eines Wegs gehen) – 41–45 magno... portoriis: *abl. mod.* **74** – 56 arbitraretur: *coni. d. ind. Rede* **129** – 58–60 in his locis: Fragevertauschung nach **65**, *in* trotz locis **52** – 62 hiemandi: *gerundium* **25** – 66–83 secundis... facta: *abl. abs.* **75** – 88 in Nantuah'bus: Fall nach **65** – 104 qui *relativische Anknüpfung* **141** – 109–112 non... planitie: *abl. abs.* **75** – 113, 114 altissimis montibus: *abl. instr.* **69** – 117 cum: *caus* **181** – 122 flumine: *abl. instr.* **69** – 139/40 vallo fossaque: *abl. instr.* **69**

Erstübersetzung

Als er nach Italien aufbrach, schickte Cäsar den Servius Galba mit der 12. Legion und einem Teil der Reiterei ins Gebiet der Nantuaten, Veragrer und Sedunen, welche sich vom Gebiet der Allobroger, dem Genfer See und der Rhone bis zu den höchsten Alpen erstrecken. Grund der Sendung war, weil (daß) er wollte, daß ein Weg durch die Alpen geöffnet werde, auf dem Kaufleute unter großer Gefahr und großen Zöllen zu gehen pflegten. Ihm erlaubte er, wenn er glaube, daß es nötig sei, in diese Gegend die Legion des Überwinterns wegen zu legen. Galba beschloß, bei (nach) einigen glücklich(en) gelieferten Gefechten, mehreren eroberten Kastellen von ihnen, nach Sendung von Gesandten zu ihm von allen Seiten und Stellung von Geiseln und Abschluß eines Friedens, 2 Kohorten ins Gebiet der Natuaten zu legen und selbst mit den übrigen Kohorten dieser Legion in einem Dorf der Veragrer, das Octodurus genannt wird, zu überwintern; dieses Dorf, gelegen in einem Tal mit einer nicht großen dabeiliegenden Ebene, wird von sehr hohen Bergen umschlossen. Da es in zwei Teile von einem Fluß geteilt wurde, ließ er den einen Teil dieses Dorfes den Galliern, den andern, leer von ihnen zurückgelassen, teilte er den Kohorten zu. Diesen Platz befestigte er mit Wall und Graben.

Endübersetzung

Cäsar schickte bei seinem Aufbruch nach Italien den Servius Galba mit der 12. Legion und einem Teil der Reiterei ins Gebiet der Nantuaten, Veragrer und Seduner, das sich vom Gebiet der Allobroger, dem Genfer See und der Rhone an bis zu den Hochalpen erstreckt. Zweck der Mission war, daß er den Weg durch die Alpen freimachen wollte, den die Kaufleute gewöhnlich (nur) unter großer Gefahr und mit der Zahlung großer Abgaben benützen konnten. Er stellte ihm frei, die Legion zum Überwintern dorthin zu legen, wenn er es für nötig halte. Galba lieferte ein paar erfolgreiche Gefechte und eroberte mehrere ihrer Burgen. Als von allen Seiten Gesandte zu ihm geschickt und Geiseln gestellt wurden und Frieden geschlossen war, beschloß er, zwei Kohorten zu den Nantuaten zu legen und selbst mit den übrigen Kohorten dieser Legion in einem Dorf der Veragrer mit Namen Octodurus zu überwintern. Es liegt in einem Tal mit nicht sehr großer Talsohle, rings vom Hochgebirge umschlossen. Da es durch einen Fluß in zwei Teile geteilt wurde, überließ er den einen den Galliern, den andern ließ er evakuieren, teilte ihn den Kohorten zu und befestigte ihn mit Wall und Graben.

Text E
Crassus (Caesar BG. III, 20—21)

Wörter

4 intelligo, -lexi, -lectum: einsehen (Merkwort: Intellekt) – 10 gerere: **186** – 11 ubi: **45** –21 interficere: töten – 24 unde: **45** – 29 amittere: **204** – 32 mediocris, -e: mittelmäßig – 34 diligentia, -ae f.: Sorgfalt (milit.: Umsicht) – – 35 adhibere anwenden (etw.), zuziehen (jd.), eigtl. dazuhalten – 36 censeo, -ui: einschätzen (Merkwort: Zensor), dafürhalten – 38 res frumentaria: a) Verpflegungsversorgung, b) Rationen, Nachschub – 40 providere: **83** – 43 comparare: zusammenrichten, a) bereitstellen b) vergleichen (Merkwort: Komparativ) – 45 praeterea: **64** – 55 civitas, -tis f.: Gemeinde (Stadt oder Stamm), Bürgerrecht – 56, 57 provincia Gallia: etwa die heutige Provence – 61 nominatim: namentlich (adv. nach *partim, paulatim* 36) – 62 evocare: – 65 finis, is m.: Ende, Ziel, Grenze (*plur.* Gebiet) – 73 copia, -ae f.: Vorrat, Menge, *plur.* Truppen – 74 cogere: **176** – 75 equitatus: **159** – 80 iter, itineris n.: Weg, Marsch (aber *iterum* wiederum!) – 83 adorior, adortus sum, adoriri: angreifen – 87 committere: **204** – 88 deinde: dann, eigtl. von da an – 91 pello, pepuli, pulsum: (ver)treiben (Merkwort: Puls, Propeller) – 93 insequor, -secutus sum: (auf dem Fuß) folgen – 100 (con)vallis, -is f.: Tal – 102 insidiae, -arum f.: Hinterhalt (eigtl. das Drinsitzen) – 103 collocare: plazieren – 104 ostendere: zeigen (aus *ob-tendere* entgegenstrecken) – 107 disiectus: zerstreut, (auseinandergeworfen) – 110 renovare: erneuern (*novus*) – 113 diu: lange (zu *durare* dauern, *interdiu* bei Tag, aber auch *diu noctuque* bei Tag und Nacht) – 115 acris, -e: scharf (zu *acuere* schärfen und *acies* Schärfe, Schlachtreihe) – 118 superior: der obere (*comp.* zu *supra*), frühere – 120 fretus **69** – 126 salustis f.: Heil (zu *salvus* wohlbehalten) – 136 reliquus: übrig (aber *relictus* zurückgelassen); Merkworte: Reliquie, Relikt – 140: efficere bewirken (Merkwort: Effekt) – 142 perspicere, -spexi, -spectum: durchschauen, erkennen – 145 conficere: Einleitung S. 8 unten – 155, 156 ex itinere: zum Folgenden; Einleitung S. 12 oben – 160 coepit: *perf.* zu *incipere* (v. altem *coepio*) – 168 alias – alias: einmal – ein andermal (= bald-bald) – 169 eruptio, ionis f.: Ausbruch (zu *rumpere* brechen, Merkwort: Eruption) – 172 cuniculus, -i m.: a) Kaninchen b) Stollen, unterird. Gang – 183 propterea: **64** – 189, 190 aerariae structurae: Erzstollen, (zu *aes, -ris n.* Erz und *structura* Konstruktion) – 192 ubi: ergänze *primum* **229** – 198 proficere: Fortschritte machen (aber *proficisci* aufbrechen) – 207 deditio, -ionis f.: Übergabe, Unterwerfung – 209 recipere: **162** – 210 peto, petivi, petitum: erstreben, bitten (*ab aliquo;* Merkwort: Petition)

Grammatik

3 cum: *hist.* oder *caus.* **181** – 5 in: trotz *locis* **52** – 6 iis: *pron. demonstr.* zu ubi – 8 sibi: weil innerlich abhängig **114** – 10 gerendum: *gerundivum* **23**, *a. c. i.* **125** – 12–14 paucis ante annis: *abl. mens.* **70** – 19, 20 exercitu pulso: *abl. abs.* **75** – 22 esset: *coni.* **121** oder **114** – 28, 29 impedimentis amissis: *abl. abs.* **75** – 38 ff re-evocatis: *abl. abs.* **75** – 43 comparato: Kongruenz **15** – 48–52 Tolosa... Narbone: *abl. sep.* **49** – 55 civitates: in den Relativsatz gezogen **140** – 68 cuius: relativische Anknüpfung **141** – 69, 70 adventu cognito: *abl. abs.* **75** – 72–74 magnis... coactis: *abl. abs.* **75** – 75 equitatu: *abl. instr.* **69** – 89–98 equitatu... nostris: *abl. abs.* **75** – 116 cum: *caus.* **181** – 121–123 in sua virtute: Fallgebrauch **65** – 124 totius: *gen.* **34** – 126, 127 salutem positam: *a. c. i.* **125** – 138, 139 adulescentulo duce: *abl. abs.* **75** – 141 possent: *coni.* d. *ind. Frage* **115** und *Rede* **129** – 142 perspici: *a. c. i.* **125** – 143 cupere mit *a. c. i.*: **128** – 150 quorum: *relativische Anknüpfung:* **141** – 151–153 magno namero interfecto: *abl. abs.* **75** – 161 quibus: *relativische Anknüpfung* **141**, *abl. abs.* **75** 169–176 eruptione... actis: *abl. abs.* **75** – 177 cuius: **138** – 181 peritus mit gen.: **89** – 185, 186: multis locis: ohne *in* **52** – 193 diligentia: *abl. mod. mod.* **74** oder. *instr.* **69** – 146, 197 his rebus: *abl. instr.* **69** – 204 mittunt: *praes. hist.* **105** – 208 ut: Stellung **144**

Erstübersetzung

P. Crassus, als er (ein)sah, daß er in denjenigen Gegenden Krieg führen müsse, wo wenige Jahre zuvor der Legat P. Valerius Präconinus bei vertriebenem Heer getötet worden und von der der Prokonsul L. Manlius bei Verlust des Trosses geflüchtet war, glaubte, er müsse eine nicht mittelmäßige Sorgfalt anwenden. Deshalb führte er bei vorgesehener Getreideversorgung, beschafften Hilfstruppen und Reitern, außerdem der namentlichen Berufung vieler tapferer Männer aus Toulouse, Carcassonne und Narbonne – diese Gemeinden der Provinz Gallien sind diesen Gegenden benachbart – das Heer ins Gebiet der Sotiaten. Als sie seine Ankunft erkannt und viele Truppen zusammengezogen hatten, griffen sie mit der Reiterei, mit der sie am meisten vermochten, unseren Heereszug auf dem Marsch an und begannen zuerst ein Reitergefecht; dann, als ihre Reiter geschlagen waren und unsere nachfolgten, zeigten sie plötzlich die Fußtruppen, welche sie in einem Tal im Hinterhalt aufgestellt hatten. Diese griffen die (jetzt) zerstreuten Unsrigen an und erneuerten das Treffen. Gekämpft wurde lange und heftig, da die Sotiaten auf die früheren Siege vertrauend glaubten, auf ihrer Mannhaftigkeit beruhe das Heil ganz Aquitaniens, die Unsrigen aber wünschten, daß erkannt werde, was sie ohne Oberfeldherrn und ohne die übrigen Legionen bei einem ganz jungen Führer bewirken könnten; endlich, durch Wunden erledigt, wandten die Feinde die Rücken. Nachdem eine große Zahl von ihnen getötet war, begann Crassus vom Marsch aus die Stadt der Sotiaten zu bestürmen. Da sie tapfer widerstanden, führte er Laufhallen und Türme (heran). Jene, nach bald versuchtem Ausfall, bald zum Damm und den Laufhallen (vor)getriebenen Stollen – in dieser Sache sind die Aquitanier die weitaus Erfahrensten deswegen, weil bei ihnen an vielen Orten Erzstollen sind – sobald sie merkten, daß bei der Sorgfalt der Unsern in nichts durch diese Dinge Fortschritt gemacht werden könne, schickten Gesandte zu Crassus und baten, er möge sie in die Unterwerfung annehmen.

Endübersetzung

P. Crassus machte sich klar, daß er in einem Gebiet Krieg zu führen habe, wo wenige Jahre zuvor der Legat L. Valerius Präconinus gefallen und sein Heer geschlagen worden war und von wo der Prokonsul L. Manlius unter Verlust seines Trosses hatte fliehen müssen. Deshalb entschloß er sich zu einer ungewöhnlich gründlichen Vorbereitung. Er sorgte für die Verpflegung, verschaffte sich Hilfstruppen und Reiterei und berief außerdem namentlich tapfere Männer aus Toulouse, Carcassonne und Narbonne, den Gemeinden der Provinz Gallien, die dieser Gegend am nächsten liegen. Dann führte er das Heer ins Gebiet der Sotiaten. Als diese sein Herannahen bemerkten, zogen sie große Kriegermassen zusammen, griffen unsere Heereskolonne mit ihrer Reiterei an, in der ihre Stärke lag, und ließen sich zunächst auf ein Reitergefecht ein. Dann, als ihre Reiterei geschlagen war und die Unsrigen nachdrängten, zeigte sich plötzlich das Fußvolk, das in einem Tal versteckt aufgestellt war, und griff die Unsrigen an, die sich jetzt auseinandergezogen hatten, und erneuerte das Gefecht. Es wurde lange und heftig gekämpft, denn die Sotiaten, durch die früheren Siege zuversichtlich geworden, glaubten, Wohl und Wehe ganz Aquitaniens ruhe auf ihrer Tapferkeit; die Unsrigen aber wollten zeigen, was sie ohne Oberbefehlshaber und ohne die übrigen Legionen auch unter einem ganz jungen Führer leisten könnten. Schließlich wandten sich die Feinde zur Flucht, von Wunden erschöpft. Eine große Zahl von ihnen wurde niedergemacht, und Crassus begann sofort vom Marsch aus die Stadt der Sotiaten zu berennen. Ihr tapferer Widerstand zwang ihn, Laufhallen und Türme heranzuführen. Jene versuchten es bald mit einem Ausfall, bald mit dem Vortreiben von Stollen gegen Damm und Laufhallen. Darin nämlich besitzen die Aquitanier besondere Erfahrung, weil sie vielerorts Erz in Gruben abbauen. Als sie jedoch merkten, daß sie damit bei der Wachsamkeit der Unsrigen nicht weiter kommen konnten, schickten sie Unterhändler zu Crassus und baten ihn, ihre Unterwerfung anzunehmen.

Text F
M. Porcius Cato (Nepos XXIV, 1—2)

Wörter

3 orior, ortus sum, oriri: entstehen, geboren werden – 4 municipium, -ii n.: Landstadt röm. Rechts (von *munia* Pflichten und *capere*) – 7 priusquam: ehe, **64** – 11 versari: sich umtreiben (*intens.* nach **152** zu *vertere, deponens* wegen der reflexiven Bedeutung) – 15 quod: **219** – 16 ibi: **45** – 17 heredium, -ii n.: Erbe (zu *heres, -edis f. m.* Erbe, Erbin) – 20 relictum: zu relinquere übrig-, hinterlassen (Verwechslungsgefahr: reliquus übrig) – 22 inde: **45** – 23 hortatus, -us m.: *nom. rei actae* **157** (zu *hortari* ermahnen) – 36 censorius: gewesener Zensor (wie *consularis, praetorius* etc.) – 38 soleo, solitus sum solere: pflegen (= gewöhnlich tun) *semideponens* – 43 forum: das Forum, Innbegriff des politischen und juristischen Lebens – 45 coepi: zu altem *coepio*, nur noch als *perf.* zu *incipere* üblich – 47, 48 stipendium merere: Sold verdienen (= Soldat sein) – 52–55 Q. Fabio ... Claudio Datumsangabe vgl. Einl. S. 15 – 62 inde **45** – 63 ut (primum): **229** – 65, 66 castra Neronis sequi: unter Nero dienen – 72 opera, ae f.: Mühe aber (*opera, um n.* zu *opus, eris!*) – 81 cado, cecidi, (casurus), cadere: fallen (*cecidi* zu *caedere!*) – 86 obtingere: zufallen (durchs Los z. B.) – 93 pro: entsprechend, **58** – 94 sors, sortis f.: das Los – 95 necessitudo, -dinis f.: Notwendigkeit (zu *necesse* **206**) – 96 vivere: **233** – 100 perpetuus: zusammenhängend – 101 dissentire: nicht übereinstimmen – 126 quod: was **219** – 131 quemlibet: **40** – 132 amplus: bedeutend (eigtl. geräumig) – 136 gero, gessi, gestum, gerere: führen **186** – 143 nanciscor, nactus sum, nancisci: durch Zufall erlangen (Gegensatz: *adipisci* durch Bemühen erlangen) – 144, 145 Hispaniam Citeriorem: Hauptteil

Spaniens; Baetica Andalusien: Lusitania (ungefähr) Portugal – 150 ibi: **45** – 153 morari: verweilen (zu *mora* f. Aufenthalt) – 158 iterum: wiederum (aber *interdum* bisweilen!) – 173 succedere **174** – 178 efficere: bewirken (Merkwort: Effekt) – 183 principatus, -us m.: der 1. Rang – 185 civitas, -tis f.: Bürgerschaft, Bürgerrecht – 187 quod: **219** – 190 potentia: **209** – 202 privatus: Privatmann (v. *privare,* absondern, berauben, befreien); im Senat blieb Scipio natürlich – 205 maneo, mansi: bleiben (engl. *remain*) – 206 at: aber (aber *atque* und) – 216 potestas: **209,** hier: Amt – 220 complures: mehrere (dagegen *plures* mehr, ziemlich viele) – 222 animadvertere: wahrnehmen, mit *in* verfahren gegen (Juristendeutsch: erkennen auf) – 288 edictum: Erlaß (Censoren veröffentlichen bei Amtsantritt die Regeln, nach denen sie verfahren wollen; in der Regel übernimmt man das Edikt des Vorgängers) – 238 pullulare: keimen (zu *pullus* Jungtier, aus *puer-ulus*) – 242 usque ad: bis zu – 245 aetas: **160** –248 r. publica: **220** – 250 causa: *Präp.* 173 – 251 suscipere: auf(sich) nehmen – 254 desisto, destiti: abstehen von, aufhören mit – 257 tentare (= temptare): versuchen, erproben (in fdl. Sinne: einen Anriff probieren) – 261 detrimentum, -i n.: Schaden (von *detero, -trivi, -tritum* abreiben) – 269 crevit: **175.**

Grammatik

3 municipio Tusculo: *abl. sep.* **53** – 9, 10 operam dare *c. dat.:* = studere c. dat. – 23 hortatu: *abl. mod.* **74** – 40 Romam **50** – 49 annorum ff. (zu stipendium): *gen. qual.* **72** – 52–56 Q. Fabio ... Consulibus: *abl. abs.* **75** – 64 rediit: *perf.* **107** –71 magni: *gen. pretii* **96** – 100 perpetua vita: **abl. lim. 73,** möglich auch *nom.* als Subjekt – 104 plebi: *dat. comm.* **78** – 117, 118 superiore tempore: *abl. temp.* **54** – 128 minoris: *gen. pret.* **96** – 151 cum: *hist.* **181** –180 cum: *concess.* **181** – 190 potentia: *abl. instr.* **69** oder *mod.* **74** – 195 administrabatur: *impf. dur.* **104** – 196 qua: *relativische Anknüpfung* **141** 200, 201 consulatu peracto: *abl. abs.* **75** – 216 potestati: *dat. b.* zusammengesetzen *Verb,* **81** – 233 reprimeratur: *con. fin.* **133** – 237 incipiebat: *impf. dur. od. de con.* **104** – 267 virtutum: *gen. obi* **87** – 268 laude: *abl. lim.* **73**

Erstübersetzung

(Einleitung, Kap. „Ämterlaufbahn" durchlesen!)
M. Cato, hervorgegangen aus dem Landstädtchen Tusculum, hielt sich als ganz junger Mann, ehe er sich um Ämter bemühte, im Sabinerland auf, weil er dort ein von seinem Vater hinterlassenes Erbe hatte. Von da wanderte er auf Mahnung des L. Valerius Flaccus – den er in Konsulat und Censur als Amtsgenossen hatte, wie der gewesene Censor M. Perpenna zu erzählen pflegte – ab nach Rom und begann, auf dem Forum zu sein. Zuerst diente er 17 Jahre beim Heer. Unter dem Konsulat des Q. Fabius und des M. Claudius war er Kriegstribun in Sizilien. Als er von da zurückgekommen war, folgte er dem Lager des C. Claudius Nero und seine Mühe im Treffen bei Sena, in dem Hasdrubal, der Bruder Hannibals, fiel, wurde hoch geschätzt. Als Quästor fiel er dem Konsul P. Africanus zu, mit dem er nicht entsprechend der Notwendigkeit des Loses lebte; denn im ganzen Leben war er anderer Meinung als dieser. Plebeischer Ädil wurde er mit C. Helvius. Als Prätor erhielt er die Provinz Sardinien, aus der er in früherer Zeit, aus Afrika weggehend, den Dichter Q. Ennius weggeführt hatte, was wir nicht geringer schätzen als irgendeinen hochbedeutenden sardischen Triumph. Das Konsulat führte er mit L. Valerius Flaccus. Durchs Los erlangte er als Provinz das Diesseitige Gallien und trug aus ihr einen Triumph heim. Als er dort länger verweilte, wollte P. Scipio Africanus, wiederum Konsul, dessen Quästor er im früheren Konsulat gewesen war, ihn von der Provinz vertreiben und ihm selbst nachfolgen und konnte das durch den Senat nicht bewirken – obschon freilich Scipio die erste Stelle in der Bürgerschaft hatte –, weil damals nicht nach Macht, sondern nach Recht der Staat verwaltet wurde. Aufgrund dieser Sache erzürnt, blieb er nach Durchführung des Konsulats als Privatmann in der Stadt. Aber Cato, Zensor mit demselben

Flaccus geworden, stand diesem Amt mit Strenge vor. Denn er verfuhr gegen mehrere Vornehme und fügte viele neue Dinge in das Edikt ein, damit dadurch der Luxus zurückgedrängt werde, der damals schon zu keimen begann. Ungefähr 80 Jahre, bis zum höchsten Alter von der frühen Jugend an, hörte er nicht auf, Feindschaften auf sich zu nehmen um des Staates willen. Von vielen angegriffen, machte er nicht nur keinen Schaden seiner Hochschätzung, sondern wuchs am Lob der Tugenden, solange er lebte.

Endübersetzung

M. Cato stammte aus dem Städtchen Tusculum und wuchs, ehe er seine politische Laufbahn begann, im Sabinerland auf, weil er dort als väterliches Erbe ein Landgut hatte. Von dort siedelte er auf Zureden des L. Val. Flaccus – ihn hatte er (später) als Kollegen in Konsulat und Censur, wie der gewesene Zensor M. Perpenna oft erzählte – nach Rom über und begann seine politische Tätigkeit. Erst leistet er 17 Jahre Kriegsdienst. Unter dem Konsulat des Q. Fabius und des M. Claudius war er Kriegstribun in Sizilien. Von dort zurück, diente er unter C. Claudius Nero, und sein Einsatz in der Schlacht bei Sena, in der Hannibals Bruder Hasdrubal fiel, fand hohe Anerkennung. Als Quästor geriet er an den Konsul P. Africanus, mit dem er nicht so harmonierte, wie es das erloste Amt eigentlich gefordert hätte: denn ihre ganze Lebenshaltung war grundverschieden. Plebeischer Ädil wurde er mit C. Helvius. Als Prätor erhielt er die Provinz Sardinien, aus der er früher als Quästor auf der Rückkehr aus Afrika den Dichter Qu. Ennius (nach Rom) mitgebracht hatte – was wir nicht weniger zu würdigen wissen als einen noch so bedeutenden sardischen Triumph. Das Konsulat führte er mit L. Val. Flaccus. Dann erloste er als Provinz das Diesseitige Spanien und kehrte von dort mit der Ehre eines Triumphs heim. Als er dort länger blieb, wollte ihn P. Scipio Africanus, zum zweiten Mal Konsul, bei dem er im früheren Konsulat Quästor gewesen war, aus der Provinz verdrängen und sie selbst übernehmen. Aber er konnte das beim Senat nicht durchsetzen, obwohl er damals natürlich der angesehenste Mann in der Bürgerschaft war. Damals wurde eben der Staat nicht nach Machtstellung, sondern nach dem Recht verwaltet. Dadurch verärgert blieb er (Scipio) in der Stadt, ohne politisch aktiv zu werden. Aber Cato, mit demselben Flaccus Censor geworden, waltete streng seines Amtes. Er maßregelte mehrere Vornehme und nahm viele neue Bestimmungen in sein Edikt auf, um so den Luxus zu dämpfen, der damals schon zu wuchern begann. Ungefähr 80 Jahre, bis zum höchsten Alter von früher Jugend an, wich er keiner Feindschaft aus, wo es um das öffentliche Wohl ging. Von vielen angefeindet, brachte er es nicht nur fertig, daß sein Ansehen nicht litt; im Gegenteil, der Ruf seiner Charakterstärke wuchs noch, solange er lebte.

Text 1
Stadtbeschreibung
von Syrakus
(Cic. Verr. II, IV, 52, 117 ff.)

Wörter

24 aditus (38 amplexus, 49 exitus): **157** – portus, -us m.: **208** – 37 aedificatio, -ionis f.: vgl. **163** – amplexus, us m.: eigtl. Umarmung – 77 constare: bestehen (auch kosten) **179** – 93 ostium, -ii, -n.: Mündung (v. *os, oris* n. Mund) – 112 aedes, ium f.: **163** – 127 iste, -a, -ud: (im Prozeß)

87

Das alte Syrakus (Situationsplan)

Aus: Brockhaus' Konversations-Lexikon, 14. Aufl., Band 15, 1895.

der Angeklagte – 136 fons, -ntis m.: Quelle – 150 operire: **167** – 174 porticus, us f.: **208** – 176 prytanium, -ii n.: Gebäude der Gemeindeverwaltung (griech.) – 191 perpetuus: ununterbrochen – 193 transversus: quer – 207 fanum, -i n.: Tempel – Tycha (eigtl. griech. Tyche) = Fortuna (lat.) – 215 gymnasium, -ii, n: Sportanlage – 222 colo, colui, cultum, colere: pflegen a) (Acker:) bebauen, b) (Götter:) verehren, c) (Haus:) bewohnen – 227 frequens: dichtgedrängt, häufig (v. *farcio* **178**) – 236 Neapolis (griech.): Neustadt – 243 praeterea: **64** – 251 Libera, ae f.: Beiname der Proserpina, Tochter der Ceres – 252 signum, i. n: Standbild (eigtl. Zeichen) – 255 Temenites (griech.): zu griech. témenos (lat. templum), also Apollo Temenites Apollo im Heiligtum

Grammatik

9 audistis: Kurzform, s. **27** – 17, 29 situ, praeclaro: *abl. qual.* **72** – 42 cum mit coni.: *concess.* **181** – 60, 62 mari angusto. *abl. instr.* **69** – 63 ponte: *abl. instr.* **69** – 119 ceteris: *dat.* bei zusammengesetzten Verben **81** – 134 extrema **67** – 143–144 incredibili magnitudine: *abl. qual.* **72** – 146 piscium: *gen.* bei plenus **89** – 148 fluctu: *abl. instr.* **69** – 152 munitione ac mole: *abl. instr.* **69** – 164 Syracusis: *abl. loc.* **49** – 188 una ff.: *abl. instr.* **69**

Erstübersetzung

Ihr habt oft gehört, daß die Stadt Syrakus die größte der Griechen, die schönste von allen sei. Es ist, Richter, so, wie gesagt wird. Denn sie ist einmal von befestigter Lage, wie auch von jedem Zugang aus zu Land oder zu Wasser herrlich anzusehen und hat Häfen, die beinahe in der Bebauung und Umfassung der Stadt eingeschlossen sind; diese, obschon sie unter sich verschiedene Zugänge haben, vereinigen sich im Ausgang und fließen zusammen. Durch ihre Vereinigung wird ein Teil der Stadt, der „die Insel" genannt wird – durch ein enges Meer getrennt –, wieder durch eine Brücke vereinigt und zusammengehalten. Diese Stadt ist so groß, daß man sagt, sie bestehe aus 4 sehr großen Städten; deren eine ist diejenige, welche ich genannt habe, die „Insel", welche, von zwei Häfen umgeben, in Richtung der Mündung beider gelagert ist; auf ihr ist das Haus, welches dem König Hieron gehört hat, das unsere Prätoren zu gebrauchen pflegen. Auf ihr sind mehrere Tempel, aber zwei, die weit die übrigen übertreffen, der Diana, und der zweite, der vor der Ankunft des Angeklagten hervorragend ausgestattet war, der Minerva. Auf dieser Insel ganz außen ist eine Quelle mit süßem Wasser, die den Namen Arethusa hat, von unglaublicher Größe, ganz voll von Fischen, die durch die Flut ganz bedeckt würde, wenn sie nicht durch eine Befestigung und einen Damm von Steinen vom Meer getrennt worden wäre. Eine zweite Stadt aber ist in Syrakus, die Achradina heißt; in ihr ist ein sehr großes Forum, sehr schöne Säulenhallen, ein wohlgeschmücktes Gemeindehaus, ein sehr geräumiges Rathaus und ein ausgezeichneter Tempel des olympischen Zeus und die übrigen Teile der Stadt, welche durch eine breite, ununterbrochene Straße und durch viele Querstraßen geteilt durch private Gebäude zusammengehalten (?) werden. Die dritte Stadt ist die, welche, weil in diesem Teil ein alter Tempel der Fortuna war, Tyche genannt ist; in ihr ist eine sehr geräumige Sportanlage und mehrere Tempel, und dieser Teil ist am dichtesten bewohnt. Die vierte aber ist die, welche, weil sie zuletzt erbaut wurde, Neapolis (Neustadt) genannt wird; auf ihrem höchsten Punkt ist ein sehr großes Theater, außerdem zwei ausgezeichnete Tempel, einer der Ceres, ein zweiter der Libera, und ein Standbild des Apoll, der Temenites genannt wird, sehr schön und groß.

Endübersetzung

Daß Syrakus die schönste der Griechenstädte und die schönste von allen (überhaupt) sei, habt ihr oft gehört. Und diese Behauptung, ihr Richter, ist wahr. Denn ihre Lage ist einmal als Festung vorzüglich, dann aber bietet sie einen herrlichen Anblick, man komme von einer Land- oder Seeseite, und hat Häfen, die fast im Weichbild der Stadt eingeschlossen sind; obwohl diese voneinander verschiedene Zugänge haben, vereinigen sie sich an ihrem Ausgang. Durch eine Verbindung (beider) wird ein Teil der Stadt, die „Insel" genannt, von einem engen Meeresarm abgetrennt, erhält aber durch eine Brücke wieder eine feste Verbindung. Diese Stadt ist so groß, daß sie (eigentlich) aus vier Großstädten besteht, wie man sagt; eine davon ist die genannte „Insel", die – von zwei Häfen umgeben – dem Ausgang beider zu liegt; auf ihr ist der einstige Palast des Königs Hieron, wo (unsre) Prätoren zu wohnen pflegen. Dort sind mehrere Tempel, besonders aber zwei, die vor den anderen hervorragen; der eine der Diana und der andere, der vor der Ankunft des Angeklagten hervorragend ausgestattet war, der Minerva. Am Strand dieser Insel ist eine Süßwasserquelle mit Namen Arethusa von unglaublicher Schüttung und voll von Fischen, die ganz vom Meer bedeckt würde, wenn man sie nicht durch einen festen Steindamm gegen das Meer abgeschirmt hätte. Eine zweite Stadt jedoch ist in Syrakus mit Namen Achradina; in ihr befindet sich ein sehr großes Forum (Einkaufszentrum), herrliche Säulenhallen, ein wundervolles Verwaltungsgebäude, ein wuchtiges Rathaus und ein ausgezeichneter Tempel des olympischen Zeus und die übrigen Stadtviertel mit Privatbauten, die durch eine breite, durchgehende Straße und viele Querstraßen gegliedert sind. Die dritte Stadt heißt Tyche, weil in ihr einmal ein alter Tempel der Fortuna war; in ihr befindet sich eine geräumige Sportanlage und mehrere Tempel; dieser Teil ist am dichtesten bewohnt. Die vierte, als zuletzt erbaute, heißt Neapel (Neustadt); auf ihrem höchsten Punkt steht ein riesiges Theater, außerdem zwei ausgezeichnete Tempel, einer der Ceres, der andere der Libera, und ein Standbild des Apoll, genannt „im Heiligtum", sehr groß und schön.

Text 2 — Stadtbeschreibung von Alexandria (Caes. B. G. III, 112)

Wörter

8 mirificus: Bewunderung erregend – 9 opus, -eris n.: Werk **202;** Plural etwa: Konstruktion – 10 exstruere (-xi, -ctus): erbauen (eigtl. aufschichten) – 15 cepit: = accepit – 18 obiectus: gegenüberliegend, eigtl. entgegengeworfen – 20 portus, -us m.: Hafen **208** – 23 a: von her – superior: landeinwärts, höher als Meer und Insel – 33 moles, -is f.: Masse, Last, auch Mole – 45 domicilium, -ii, n.: Wohnsitz – 48 vicus, -i, m.: Dorf, auch Stadtteil – 56 tempestas, -tis, f.: Sturm, Un-wetter **225** – 68 invitus: nicht wollend – 84 veritus: von vereor, vereri, scheuen, fürchten – 89 occupare: eigtl. besetzen; überfallen – 96 praesidium, -ii, n.: **223** – 111 ff. dimisit: hier ist der Text verdorben, zu ergänzen ist wohl nuntios (Boten) – 120 evocare: anfordern – 130 discedere: **174** – 145 complector, -plexus sum, -plecti: besetzt halten (eigtl. umflechten, umarmen) – praemunire: = munire (weil Befestigungen vorn sind) – 150 tractus, -us, m.: von trahere ziehen (wie heute: Gebäudetrakt) – 154 regia (ergänze *domus*): Königspalast – 155 exiguus: knapp, klein – 170 tenere locum: den Platz einnehmen, vertreten (vgl. *Lokotenent, Lieutenant* der Stellvertreter des Hauptmanns) – 179 navalia, ium f.: was zu Schiffen gehört, Liegeplätze, Werften usw. – 185 pro: **58** – 189 obiectas (zu munitiones): entgegengeworfen (als Hindernisse) vgl. aber in anderem Zusammenhang oben Wort 18! – 192: s. Wort 68 – 193 cogere: **176**

Grammatik

3, 4 in insula: **48** – 6–7 magna altitudine: *abl. qual.* **72** – 8–9 mirificis operibus: *abl. instr.* **69** – 19 Alexandriae: *dat. obi.* **81** – 32–33 iactis molibus: *abl. abs.* **75** oder *abl. instr.* **69** – 50 magnitudinie: *abl. qual.* **72** – 51 quaeque = et quae **141;** quae naves, s. **14** – 52 ubique: etwa (hier sehr lasch gebraucht) sonst, s. **45** – 54–56 imprudentia aut tempestate: *abl. caus.* **71** – 58–59 suo cursu: *abl. sep.* **53** – 62 more: *abl. modi* **74** – 66–68 eis invitis: *abl. abs.* **75** (Dativ ergäbe falschen Sinn!) – 78 navibus: *dat. comm.* **78** – 84 veritus: **22** – 86, 89 hostibus occupatis: *abl. abs.* **75** – 90–91 militibus expositis: *abl. abs.* **75** oder *abl. instr.* **69** – 95 ibi: dort (statt dorthin) **65** – 103 tuto: **36** – 106 navibus: *abl. instr.* **69** – 118 inde: **45** – 121, 123 reliquis partibus: *abl. loci* ohne in **52** – 128, 129 aequo proelio: *abl. abs.* **75** – 130, 133 discederetur, pellerentur: *coni. consec.* **122** – 138, 140 paucisque interfectis *abl. abs.* **75** – 146 noctu: *alter abl.* **36** – 160 causa: **101** – 162 initio: **36** – 167 domui: *dat.* bei zusammengesetzten Verben **81** – 182, 184 insequentibus diebus: *abl. temp.* **54**

Erstübersetzung

Der Pharus ist auf einer Insel, ein Turm von großer Höhe mit wundersamen Konstruktionen aufgerichtet; dieser hat den Namen von der Insel bekommen. Diese Insel, Alexandria gegenüberliegend, bewirkt den Hafen; aber auch bei von den höher gelegenen Gebieten auf eine Länge von 900 Doppelschritten ins Meer geworfenen Massen wird sie durch einen engen Weg und eine Brücke mit der Stadt verbunden. Auf dieser Insel sind Wohnungen der Ägypter und eine Siedlung von der Größe einer Stadt; und Schiffe, welche irgendwo aufgrund von Unverständnis oder Sturm ein wenig von ihrem Kurs abgekommen sind, diese pflegen sie nach Art von Seeräubern zu plündern. Bei denen aber als nicht Wollenden, von denen Pharus gehalten wird, kann wegen der Enge kein Eingang für Schiffe in den Hafen sein. Dieses nun befürchtend nahm Caesar nach (bei) in einem Kampf geschlagenen Feinden mit an Land gesetzten Soldaten Pharus und legte eine Besatzung dahin. Durch diese Dinge wurde bewirkt, daß sicher Getreide und Hilfstruppen mit Schiffen zu ihm nachgeführt werden könnten. Er schickte nämlich herum (bei) allen nahen Provinzen und rief von dort Hilfstruppen ab. In den übrigen Teilen der Stadt wurde so gekämpft, daß bei gleichem Gefecht auseinandergegangen wurde und (von den von) beiden (Parteien) vertrieben wurde – dies bewirkte die Enge der Örtlichkeit –, und bei wenigen auf beiden Seiten Getöteten befestigt Caesar die notwendigsten Örtlichkeiten, sie besetzt hal-

Alexandrien im ersten Jahrhundert vor und nach Christus

Aus: Brockhaus' Konversations-Lexikon, 14. Aufl., Band 1, 1892.

tend, bei Nacht. In diesem Zug der Stadt war ein kleiner Teil des Königspalastes, in den er selbst des Wohnens wegen anfangs eingeführt worden war, und ein Theater, mit dem Haus verbunden, das den Platz einer Burg hielt und Zugänge hatte zum Hafen und den übrigen Schiffseinrichtungen. Diese Befestigungen vermehrte er an den folgenden Tagen, damit er sie statt einer Mauer als Hindernisse habe und nicht zu kämpfen gezwungen werde, ohne es zu wollen.

Endübersetzung

Der Pharus steht auf einer Insel, ein Turm von großer Höhe, mit erstaunlichen Konstruktionen aufgeführt; er hat seinen Namen von der Insel. Diese, Alexandria gegenüber, bildet (eigentlich) den Hafen; man hat vom Land her Dämme im Meer aufgeschüttet auf eine Länge von 900 Doppelschritten und sie durch einen Weg und eine Brücke mit der Stadt verbunden. Auf dieser Insel sind Wohnhäuser der Ägypter, ein Wohngebiet von der Größe einer mittleren Stadt; Schiffe, die aus Unachtsamkeit oder im Sturm von ihrem Kurs abgekommen sind, pflegt man dort nach Seeräuberart zu plündern. Wenn eine Besatzung des Pharus nicht will, können Schiffe, der Enge wegen, nicht in den Hafen einlaufen. Da Cäsar dies befürchtete, ließ er Soldaten landen, bekämpfte und schlug die Feinde, nahm den Pharus und legte eine Besatzung dorthin. Mit diesen Maßnahmen erreichte er, daß Verpflegung und Hilfstruppen sicher zu Schiff zu ihm gebracht werden konnten. Er schickte nämlich (auch) Boten rings in alle nahegelegenen Provinzen und forderte von dort Hilfstruppen an. In den übrigen Stadtteilen verlief der Kampf so, daß man sich unentschieden trennte und keine Partei vertrieben wurde – eine Folge der räumlichen Enge –, und nach geringen Verlusten hatte Cäsar die wichtigsten Punkte fest in seiner Hand und befestigte sie bei Nacht. In diesem Teil der Stadt war ein kleiner Teil der königlichen Wohnung (vermutlich: ein Teilpalast, eine Art Gästehaus), in den er selbst zum Wohnen ursprünglich eingewiesen worden war, daran anschließend ein Theater, das als eine Art Burg zählen konnte und Zugänge zum Hafen und den Docks bot. Diese festen Pläne verstärkte er in den folgenden Tagen, um sie statt einer (regelrechten) Mauer als Hindernisse zu benützen und nicht gegen seinen Willen zu (offenem) Kampf gezwungen zu werden.

Text 3 — Stadtbeschreibung von Cartagena (Liv. XXVI, 42, 7–8)

Wörter

6 sinus, -us m.: Krümmung, Busen, Bucht – 20 introrsus = introversus: nach innen – 22 paululum: ein klein wenig (Verkleinerung von paulum) – 30 ostium, -ii n.: Mündung (von os, oris n.: Mund) – 36 altum, -i n.: die hohe See **165** – 34 obicere: entgegenwerfen, obiectus: (geographisch) gegenüberliegend – 41 praeterquam: außer – 68 stagnum, -i n.: Sumpf – 77 utcumque: wie auch immer **42** – 76 altitudo, -dinis f.: Höhe und Tiefe **165** – 78 exaestuare: aufwallen (zu aestus, us m. **160**) – 80 deficere: nachlassen **182**

Grammatik

18–19 quingentos passus **59** – 22 paululo: *abl. mens.* **70** – 24 passuum: *gen. part.* **92** – 35, 38, 58, 62, 66 ab: **66** – 75–76 incertae altitudinis: *gen. qual.* **94**

Erstübersetzung

Nämlich gelegen ist Carthago so. Eine Bucht ist etwa in der mittleren Küste Spaniens, am meisten dem Wind aus Afrika entgegengesetzt und etwa 500 Doppelschritte einwärts zurückgezogen, ein klein wenig mehr an Doppelschritten in die Breite offenstehend. In der Mündung dieser Bucht macht eine kleine, auf der Seeseite gegenüberliegende Insel den Hafen sicher vor allen Winden außer dem afrikanischen. Von der innersten Bucht läuft eine Halbinsel heraus, derjenige Hügel selbst, auf dem gegründet die Stadt ist, im Sonnenaufgang und im Süden vom Meer umgürtet: im Westen schließt ein Sumpf, ein wenig auch noch nach Norden zu ergossen, von unsicherer Tiefe, wie immer das Meer aufwallt oder nachläßt.

Endübersetzung

Cartagena ist nämlich so gelegen. Es ist da eine Bucht, ungefähr in der Mitte der spanischen (Mittelmeer-)Küste, im wesentlichen dem Wind aus Afrika zu geöffnet (in Richtung Afrika sich öffnend), die etwa 800 m landeinwärts zurückweicht. In der Richtung, in die die Bucht sich öffnet, liegt auf der Seeseite eine kleine Insel, die den Hafen gegen alle Winde außer dem afrikanischen schützt. Im Innern der Bucht springt eine Halbinsel hervor, gerade der Hügel, auf dem die Stadt angelegt ist; im Osten und Süden ist sie vom Meer umspült; im Westen schließt sie ein Watt ein, das sich noch ein Stück nach Norden erstreckt. Seine Tiefe ist unsicher, je nachdem das Meer anbrandet oder zurückweicht.

Text 4
Die Jugend des Dichters Archias
(Cic. Pro Archia 3)

Wörter

1 ut (primum): sobald **229** – 12 aetas, -tis f.: Lebensalter **160** – 16 informare: in Form bringen, bilden – 22 se conferre: sich begeben **178** – 31 celeber, -bris -bre: volkreich, berühmt – 35 copiosus: (wo viel copia ist) begütert – 37 erudire: (eigtl. ausrauhen v. rudis roh) verfeinern, bilden – 39 liberalis, -e: (eigtl. eines Freien würdig) großzügig – 41 affluere: zufließen, mit *abl.*: überfließen von – 47 coepi: Perf. zu altem *coepio beginne*, verwendet als Perf. von *incipere* – 58 celebrare: feiern (zu oben Wort 31, also mit viel Menschen!) – 76 disciplina, ae f.: Lehre, Schule (wenn nicht in militärischem Zusammenhang!) zu *discipulus Schüler* – 84 colere, colo, colui, cultum: pflegen (Äcker, Studien, Freundschaft, -Götter- verehren) – 95-96 res publica: **220** – 109 civitas, -tis f.: Bürgerschaft, Gemeinde, Bürgerrecht – 121 cognitio, -ionis f.: Das Kennenlernen (Bekanntschaft, Erkenntnis) – 128 celebritas, -tis f.: Berühmtheit (zu oben Wort 31)

Grammatik

11 quibus: *abl. instr.* **69** – 24 Antiochae: (gen.) *loc* **50** – 29–30 loco nobili: *abl. loc.* **52** oder *sep.* **53** – 31–41 celebri quondam urbe ... affluenti: *loc.* **52** – 44 omnibus: *dat.* bei zusammengesetzten Verben **81** – 45 ingeni: **30** – 48 post als Adverb: **63** – 55, 59 sic. – ut: *consec.* **124** – 72 plenus mit *gen.*: **89** – 91 hic: *loc.* **45** – 92 Romae: loc. **50** – 112 donarunt: **27** – 124 dignus mit *abl.*: **134** – 126–128 hac tanta celebritate: *abl. instr.* **69**, vorgezogen **146** – 135 Romam: *acc.* der Richtung **48** und **50** – 137–140 Mario consule et Catulo: *abl. abs.* **75** Jahresangabe!

Erstübersetzung

Sobald Archias aus den Knaben herauskam und von den Künsten weg, mit denen das Knabenalter zur Menschlichkeit gebildet zu werden pflegt, sich zum Studium des Schreibens begab, begann er, zuerst in Antiochia – denn dort ist er an vornehmem Ort geboren –, einer einstmals berühmten und wohlhabenden Stadt, überfließend an sehr gebildeten Menschen und großzügigen Studien, schnell sich vor allen auszuzeichnen durch den Ruhm seiner Begabung. Nachher wurden in den übrigen Teilen Asiens und ganz Griechenland seine Ankünfte so gefeiert, daß die Erwartung des Mannes den Ruhm der Begabung, die Ankunft von ihm selbst und die Bewunderung die Erwartung übertraf. Es war Italien damals voll von griechischen Künsten und Lehren, und diese Studien wurden damals sowohl in Latium heftiger gepflegt als jetzt in denselben Städten, als sie auch hier in Rom nicht vernachlässigt wurden wegen der Ruhe des öffentlichen Lebens. Und so beschenkten diesen sowohl die Tarentiner wie die Lokrer und Reginer und Neapolitaner mit dem Bürgerrecht und den übrigen Belohnungen, und alle, die etwas über Begabung urteilen konnten, hielten ihn für des Kennenlernens und der Gastfreundschaft würdig. Als er durch diese Berühmtheit des Rufs schon den Abwesenden bekannt war, kam er auch nach Rom unter dem Konsulat des Marius und Catulus.

Endübersetzung

Sobald Archias dem Knabenalter entwachsen war und sich von den Lehrstoffen, mit denen man das Knabenalter zur höheren Bildung zu führen pflegt, der schriftstellerischen Laufbahn zugewandt hatte, begann er zuerst in Antiochia – denn dort war er in vornehmer Familie zur Welt gekommen –, einer einst berühmten, wohlhabenden Stadt voll hochgebildeter Menschen und mit reichem Kulturleben, schnell alle durch den Ruhm seines Genies zu übertreffen. Später wurde er in den übrigen Teilen Asiens und in ganz Griechenland, wenn er irgendwo ankam, so gefeiert, daß die Spannung auf seine Person den Ruf seines Genies, die persönliche Ankunft und Bewunderung die Spannung übertraf. Italien war damals voll von griechischer Kunst und Wissenschaft, und diese Studien wurden damals in Latium mit mehr Eifer betrieben als jetzt in denselben Städten und auch hier in Rom nicht vernachlässigt, weil im politischen Leben damals Ruhe herrschte. Und so verliehen ihm damals die Einwohner von Tarent, Lokri, Regium und Neapel die Ehrenbürgerschaft und die üblichen Ehrungen, und alle, die sich über Begabungen ein Urteil erlauben konnten, bemühten sich um seine Bekanntschaft und boten ihm ihre Gastfreundschaft an. Als er so schon für die, die ihn persönlich gar nicht kannten, eine Berühmtheit war, kam er nach Rom, als Marius und Catulus Konsuln waren.

Text 5 — Aus dem Leben Jugurthas (Sall. Jug. 6, 1 und 7, 4)

Wörter

4 adolesco, -evi, adultus, -olescere: heranwachsen (dazu *adulescens,* aber *adulter* Ehebrecher) – 5 polleo, pollere: vermögen – 7 decorus: schön (eigtl. geziemend) – 8 facies, -iei, f.: Aussehen (eigtl. Machart) – 11 maxume 19 corrumpundum: **37** (es folgen im Text viele ähnliche Formen) – 18 inertia, -ae, f.: Faulheit (eigtl. Untüchtigkeit zu ars, artis) – 22 uti = ut: **229** – 28 iaculari: schleudern (zu *iaculum, -i. n.:* Wurfspeer) – 31 aequalis: gleichaltrig, Altersgenosse – 34 quom = cum: **181** – 52 ferae (ergänze *bestiae*): wilde Tiere – 57 ferire: treffen, schlagen – 68 impiger: Gegenteil von piger, pigra, -um faul, verdrossen – 100 brevi (ergänze *tempore*) – 114/115 in primis: auch = imprimis (dagegen oben Wort 56 wörtlich: unter den ersten) – 134 plerumque: meist (adv. zu *plerique*) – 151/152 in dies: von Tag zu Tag (mehr) – 153 amplector, -plexus sum,

-plecti: schätzen (eigtl. umarmen von *ambo* beide und *plectere* flechten) – 154 quippe: **218** – 155 quoius: **37** – 159 inceptum, -i n.: das Beginnen, Unternehmen (eigtl. das Begonnene, von *incipere*) – 163 huc: **45** – 164 accedit, (ut): **174** – 165 munificentia, -ae f.: Freigebigkeit (von *munus* Geschenk) – 169 sollertia, -ae f.: Anstelligkeit, Erfindungsgeist (altes Wort sollus = totus und ars)

Grammatik

4 adolevit: *perf.* **107** – 6 viribus: *abl. lim.* **73** – 7–8 decora facie: *abl. qual.* **72** – 10 multo: *abl. mens.* **70** – 12 ingenio: *abl. lim.* **73** – 16 luxus: alter *dat.* statt luxui – 19 corrumpundum: gerundivum **23** – 34 quom: cum *concess.* wegen *tamen* **181** – 36 gloria: *abl. lim.* **73** – 27, 28, 32, 41: *inf. hist.* **106** – 47 venando: *gerundium* **25** – 85–88 multo labore multaque cura: *abl. instr.* **69** – 91, 95 parendo, eundo: *gerundium* **25**, *abl. instr.* **69** – 107–108 maxumo terrori: *dat. fin.* **79** – 118, 123 proelio, consilio: *abl. lim.* **73** – 162 erat (nach quippe qui würde bei Caes., Liv., Cic. *esset* stehen als *coni caus.*) **218** – 168 ingeni: **30** – 177–178 familiari amicitia: *abl. instr.* **69** – 170 quis: = quibus **37**

Erstübersetzung

Sobald Jugurtha heranwuchs, stark an Körperkräften, von schönem Aussehen, aber weitaus am meisten am Geist leistungsfähig, ergab er sich nicht dem Luxus oder der Untätigkeit als einen zu verderbenden, sondern wie es Sitte jenes Volkes ist, ritt er, warf den Speer, wetteiferte im Lauf mit den Altersgenossen und, obschon er alle an Ruhm übertraf, war er doch allen lieb; dazu brachte er die meiste Zeit im Jagen zu, traf den Löwen und andere wilde Tiere als erster oder unter den ersten: er tat am meisten, redete am wenigsten von sich selbst... Jughurtha, unverdrossenen und scharfen Geistes, wie er war, war in kurzem, nachdem er die Art P. Scipios, der damals Befehlshaber bei den Römern war, und die Art der Feinde erkannt hatte, mit viel Mühe und Sorgfalt, außerdem durch bescheidenes Gehorchen und häufiges Gefahren-auf-sich-nehmen zu solcher Bekanntheit gelangt, daß er den Unsrigen sehr lieb, den Numantinern zu größtem Schrecken war. Und allerdings war er, was besonders schwierig ist, sowohl im Kampf tüchtig wie im Planen gut, von denen meist das eine aus der Voraussicht Furcht, das andere aus der Kühnheit Tollkühnheit mitzubringen pflegt. Deshalb führte der Oberbefehlshaber fast alle schwierigen Dinge durch Jugurtha aus, rechnete ihn unter seine Freunde, bevorzugte ihn im Lauf der Zeit immer mehr, da weder ein Rat noch ein Beginnen von ihm vergeblich war. Dazu kam die Freigebigkeit des Gemüts und die Anstelligkeit des Geistes, mit welchen Dingen er sich viele von den Römern in vertrauter Freundschaft verbunden hatte.

Endübersetzung

Als Jugurtha heranwuchs, ein kräftiger Mensch und stattlich von Ansehen, aber weitaus am meisten durch seine Intelligenz vorstechend, ergab er sich nicht dem Luxus und Wohlleben, was ihn hätte verderben können, sondern ritt, warf den Speer, wetteiferte im Lauf mit seinen Altersgenossen, wie es Sitte bei jenem Volk ist, und, obschon sein Ruf alle übertraf, war er doch allgemein beliebt; dazu verbrachte er die meiste Zeit mit Jagen, wagte den ersten Schuß auf den Löwen oder andere wilde Tiere oder als einer der ersten: er leistete am meisten und machte am wenigsten Aufhebens von sich selber... Als Jughurtha mit seinem wachen und scharfen Geist die Natur P. Scipios, der damals bei den Römern den Oberbefehl führte, und die Art der Feinde einmal kennengelernt hatte, war er durch seinen angestrengten Eifer, dazu widerspruchslosen Gehorsam und Furchtlosigkeit Gefahren gegenüber in kurzer Zeit zu solcher Berühmtheit gelangt, daß er, bei den Römern äußerst beliebt, den Numantinern größten Schrecken einflößte. Und allerdings war er – was besonders schwierig ist – tüchtig im Kampf und in der Planung; das eine pflegt sonst mit der Vor- und Voraussicht Ängstlichkeit, das andere mit der

Kühnheit Verwegenheit zu verbinden. So schob ihm der Feldherr fast alle heiklen Unternehmungen zu, behandelte ihn als Freund und zog ihn von Tag zu Tag enger an sich, da ja seine Ratschläge und Unternehmungen nie erfolglos waren. Dazu kam seine großzügige Freigebigkeit und sein wacher Geist, wodurch er sich viele Römer in enger Freundschaft verband.

Text 6 – Vergleich Catos und Cäsars (Sall. Cat. 53, 6–54)

Wörter

24 quin: *consecutive* Bedeutung **217** – 32 aperire: **167** – 36 aetas, -tis f.: **160** – 39 aequalis: aequus (hier) – 52 munificentia -ae f.: Eigenschaft, Geschenke zu machen (von munus, -eris n. das Geschenk, auch Amt, weil die Ämter als Ehrengeschenke betrachtet werden) – 55 integritas, -tis f.: Reinheit (Unberührtheit, von *in-* und *tangere*) – 59 mansuetudo, -dinis f.: Milde, Sanftheit (von *manus* und *suetus*, an die Hand gewöhnt, ursprünglich von gezähmten Tieren) – 70 sublevare: von unten anheben, unterstützen – 71 ignosco, ignovi, ignoscere: verzeihen **197**, aber *ignotus* unbekannt! – 74 largior, largitus sum, largiri: (weit u. breit) schenken (von largus) – 76 adipiscor, adeptus sum, adipisci: erlangen – 86 pernicies, -iei f.: Verderben (von *per- nocere* durch und durch schaden) – 88 facilitas, -tis f.: Leutseligkeit (*facilis*, wer und was leicht zu handhaben ist) – 97 laborare: **202** – 101 intentus: von tendere **226** – 112 imperium, -ii, n.: **199** – 119 enitescere: *inchoat.* von *(e)nitere* (glänzen) **153** – 125 decus, -oris n.: Zierde, auch Ehre – 135 factio, -ionis f.: Klüngel, Machenschaft (*factiones* Umtriebe, *factiosus* wer mit Umtrieben zu tun hat) – 144 pudor, -is m.: Scham, Ehrgefühl (innerlicher als *decus*) – 146 innocens: unschuldig (wer nicht *nocet*); Nebensinn: unbestechlich – 147 abstinentia, -ae f.: Enthaltsamkeit (nicht von Alkohol, von Erpressung im Amt und Bestechung) also: Unbestechlichkeit.

Grammatik

1–2 memoria mea: *abl. temp.* **203** und **54** – 5 divorsus = diversus: **37** – 3–6 ingenti virtute divorsis moribus: *abl. qual.* **72** – 30 ingenio: *abl. instr.* **69** – 39 aequalia: Kongruenz **16** – 48 alii: **35** und **164** – 50–52 beneficiis ac munificentia: *abl. caus.* **71** – 55 integritate: *abl. caus.* **71** – 59–61 mansuetudine et misericordia: *abl. instr.* **69** – 69–71 dando, sublevando, ignoscundo: *abl. instr.* **69**; *gerundium*, **25**; -undo, **37** – 79 alter: **164** – 80 miseris: *dat. comm.* **78** – 85 malis: *dat. (in)comm.* **78** – 99 negotiis: *dat. comm.* **78** – 107 dono: *abl.* bei dignus **134** – 127 maxume: **37** – 128 erat beim *dat.* **95** – 131, 135, 141, 144 divitiis, factione, virtute, pudore: *abl. lim.* **73** – 155, 159 quo und eo: *abl. mens.* **70**

Erstübersetzung

In der Zeit, die ich mir denken kann, waren 2 Männer von großer Mannhaftigkeit, verschiedenen Sitten, M. Cato und C. Cäsar. Da diese die Sache entgegengebracht hatte, war der Entschluß, sie nicht mit Schweigen zu übergehen, ohne daß ich beider Natur und Sitten, soviel ich mit meiner Begabung kann, offenlegen sollte. Und so waren ihnen Herkunft, Alter, Beredsamkeit beinahe gleich, Geistesgröße (?) gleich, ebenso der Ruhm, aber jedem ein anderer. Cäsar wurde infolge seiner Wohltaten und Freigebigkeit für groß gehalten; infolge der Unantastbarkeit des Lebens Cato. Jener wurde durch Mitleid und Milde berühmt, diesem hatte die Strenge Würde hinzugefügt. Cäsar erlangte den Ruhm durch Geben, Unterstützen, Verzeihen, Cato durch Nichts-Schenken. In einem war Zuflucht für Unglückliche, im anderen Verderben für Böse. Jenes Umgänglichkeit, dieses Standhaftigkeit wurde gelobt. Zuletzt: Cäsar hatte sich vorgenommen, sich abzumühen, Nächte durchzuwachen, für die Geschäfte seiner Freunde angespannt seine eigenen zu vernachlässigen, nichts abzulehnen, was eines Geschenkes würdig sei; er wünschte sich eine große Befehlsgewalt, ein Heer, einen neuen Krieg, wo seine Mannhaftigkeit hervorleuchten könnte. Aber dem Cato war der Eifer nach Bescheidung (eigen), nach Ansehen, aber am meisten nach Strenge; er stritt (wetteiferte) nicht mit dem Reichen an Reichtum noch mit dem politisch Umtriebigen an politischer Betriebsamkeit, sondern mit dem Wackeren an Tüchtigkeit, mit dem Maßvollen an Ehrgefühl, mit dem Unbestechlichen an Unbestechlichkeit; er wollte lieber gut sein als scheinen; so folgte ihm, je weniger er nach Ruhm strebte, umso mehr Ruhm.

Endübersetzung

Zu meiner Zeit gab es zwei Männer von überragender Bedeutung, aber ganz verschiedenem Charakter, M. Cato und C. Cäsar. Da meine sachliche Aufgabe es mir anbot, beschloß ich, sie nicht stillschweigend zu übergehen, ohne beider Natur und Charakter im Rahmen meiner Fähigkeiten offenzulegen. Nun, sie waren an Herkunft, Alter und Beredsamkeit ziemlich ebenbürtig, gleich auch an geistiger Größe, ebenso an Ruhm; aber der Ruhm sah bei jedem anders aus. Cäsar galt viel wegen seiner Hilfsbereitschaft und Freigebigkeit, Cato wegen seiner tadelsfreien Lebensführung. Milde und Mitleid machten jenen berühmt; diesem hatte seine Unerbittlichkeit Würde verliehen. Cäsar gewann seinen Ruhm mit Geben, Helfen und Verzeihen, Cato dadurch, daß er solche Mittel beschmähte. Der eine war für Unglückliche eine Zuflucht, der andere für Bösewichte der Untergang. Bei jenem rühmte man die Leutseligkeit, bei diesem die eiserne Konsequenz. Zuletzt: Cäsar hatte sich entschlossen, rastlos tätig zu sein, die Nacht zum Tag zu machen, sorgfältig auf die Angelegenheiten seiner Freunde bedacht (eher) seine eigenen zu vernachlässigen, keine Gabe und Hilfe abzulehnen, wenn sie nur entsprechend würdig war; für sich selbst wünschte er große Machtfülle, ein Heer und einen neuen Krieg, wo seine Fähigkeiten glänzen könnten. Cato dagegen eiferte nach dem rechten Maß, nach ehrenvollem Ruf, am meisten aber nach sittlicher Strenge; er suchte nicht den Reichen an Reichtum, den politischen Intriganten durch Intrigen, sondern den Tüchtigen an Tüchtigkeit, den Bescheidenen an Ehrenhaftigkeit, den Unbestechlichen an Lauterkeit zu übertreffen; er wollte lieber gut sein als scheinen; so folgte ihm der Ruhm (eigentlich), je weniger er auf ihn Wert legte.

Zu Rate gezogen wurden:
Menge, H., Repetitorium der lat. Syntax und Stilistik, Leverkusen 1955
Walde-Hofmann, Lat. etymologisches Wörterbuch 1–3, Heidelberg 1954[3]
Georges, H., Lat.-Dt. Wörterbuch 1–2. 1951[9]
Hiltbrunner, O., Kleines Lexikon der Antike, München 1950[2]
Ferner die Schulgrammatiken:
Beyer-Lindauer, Buchner, Bamberg
Bornemann, E., Hirschgraben, Frankfurt
Habenstein-Zimmermann, Klett, Stuttgart
Landgraf-Leitschuh, Buchner, Bamberg
Linnenkugel, A., Schöningh, Paderborn
Schmidt-Wecker-Röttger, Vandenhoek-Ruprecht, Göttingen
Stehle, M., Klett, Stuttgart
Die Kleine Sammlung:
Streib, K. A., Memoriae manda, Bayerische Verlagsanstalt, Bamberg

Abkürzungsverzeichnis

abl.	ablativus	gen. subi.	genitivus subiectivus
abl. abs.	ablativus absolutus	gerund.	gerundium
abl. caus.	ablativus causae	gerundiv.	gerundivum
abl. comp.	ablativus comparativus		
abl. instr.	ablativus instrumentalis	imper.	imperativus
abl. loc.	ablativus locativus	impf.	imperfectum
abl. lim.	ablativus limitationis	impf. de con.	imperfectum de conatu
abl. mens.	ablativus mensurae	impf. dur.	imperfectum durativum
abl. mod.	ablativus modi	impf. iter.	imperfectum iterativum
abl. qual.	ablativus qualitatis	ind.	indicativus
abl. sep.	ablativus separativus	inf.	infinitivus
abl. soc.	ablativus sociativus	inf. hist.	infinitivus historicum
abl. temp.	ablativus temporis		
		loc.	locativus
acc.	accusativus		
a. c. i.	accusativus cum infinitivo	masc.	masculinum
acc. obi.	accusativus obiectivus		
		n.	neutrum
adi.	adiectivum	nom. act.	nomen actionis
adv.	adverbium	nom. actoris	nomen actoris
act.	activum	nom. r. act.	nomen rei actae
coni.	coniunctivus	nom.	nominativus
coni. adv.	coniunctivus adversativus	n. c. i.	nominativus cum infinitivo
coni. caus.	coniunctivus causalis		
coni. concess.	coniunctivus concessivus	partic.	participium
coni. consec.	coniunctivus consecutivus		
coni. del.	coniunctivus deliberativus	pass.	passivum
coni. fin.	coniunctivus finalis		
coni. irr.	coniunctivus irrealis	perf.	perfectum
coni. iuss.	coniunctivus iussivus	perf. hist.	perfectum historicum
coni. pot.	coniunctivus potentialis	perf. praes.	perfectum praesenticum
coni. proh.	coniunctivus prohibitivus		
		pl.	pluralis
cons. temp.	consecutio temporum		
		plqupf.	plusquamperfectum
dat.	dativus		
dat. comm.	dativus commodi	praes.	praesens
dat. fin.	dativus finalis	praes. hist.	praesens historicum
dat. obi.	dativus obiectivus		
		pron.	pronomen
fem.	femininum	pron. inf.	pronomen infinitum
		pron. pers.	pronomen personale
fut.	futurum	pron. poss.	pronomen possessivum
		pron. rel.	pronomen relativum
gen.	genitivus		
gen. expl.	genitivus explicativus	sg.	singularis
gen. obi.	genitivus obiectivus	subst.	substantivum
gen. part.	genitivus partitivus		
gen. poss.	genitivus possessoris	verb.	verbum
gen. pretii	genitivus pretii	verb. inch.	verbum inchoativum
gen. qual.	genitivus qualitatis	verb. intens.	verbum intensivum

Zeichenerklärung

Kongruenzzeichen

╫ Kasus, Genus, Numerus sind gleich

╪ Kasus, Genus sind gleich

+ Numerus ist gleich

Periodenzeichen

O Wörter, die aufeinander weisen oder sich aufeinander beziehen

X Kreuze kennzeichnen ebenfalls Wörter, die sich aufeinander beziehen. Sie werden verwendet, damit diese Wörter nicht mit den mit Kreisen gekennzeichneten Wörtern verwechselt werden können

∽ Subjekt und Prädikat im Haupt- oder Nebensatz

ᾦ Subjekt und Prädikat (ohne Prädikatsnomen) im a. c. i.

(...) Zusammengehörige Wortgruppen werden in Klammern eingeschlossen

⟨ ⟩ Dieses Zeichen kennzeichnet ein Wort oder eine Wortgruppe, die in der Klammer steht und vom Hauptausdruck oder der Hauptgruppe der Klammer abhängig ist

[ ] Eckige Klammern fassen mehrere andere Klammern zu einer größeren Einheit zusammen

← Relativische Anknüpfung

→ Relativpronomen, das auf das Folgende weist

☐ In einen Kasten kommt:
   a) ein Einschub, der in die eingeklammerte Wortgruppe gar nicht gehört, sondern sie durch seine Stellung (für deutsches Sprachgefühl) sprengt (sog. „gesperrte Stellung" oder „traiectio").
   b) eine Konjunktion oder ein Relativpronomen, das nach deutschem Sprachgefühl nach vorn gezogen werden müßte.

L Hier muß eine Form von esse, fieri o. ä. ergänzt werden

| Hier muß der Hauptsatz (oder übergeordnete Satz) vorgezogen werden.

Mit Klett Training zum Schulerfolg

Karl Beilhardt / Günther Busse
Training Aufsatz
7./8. Schuljahr
Beilage: Lösungsheft
136 Seiten + 36 Seiten Beilage, kart. (Klett-Nr. 92 078)

Tatsachenberichte, Bedienungsvorschriften, Inhaltsangaben, Protokolle, Werbeanzeigen, Briefe, Reisebeschreibungen, Reportagen, Erlebnisschilderungen ... — eine Fülle verschiedenster Textsorten, die der Schüler im 7./8. Schuljahr kennenlernen und beherrschen muß, will er gute Aufsätze schreiben.
Hier setzt das Trainingsbuch an. Schritt für Schritt lernt der Schüler die verschiedenen Textsorten — jeweils eingebaut in eine spannende oder lustige Geschichte — kennen. Er lernt, die Textsorte entsprechend dem Anlaß zu schreiben, wie ein bestimmter Text gut aufgebaut wird, und erkennt, mit welchen sprachlichen Mitteln die beabsichtigte Wirkung am besten erzielt werden kann.
Die zahlreichen Beispiele verlocken geradezu zu eigenem kreativen sprachlichen Gestalten und sind zudem so interessant, daß der Schüler bei der Lektüre völlig vergessen wird, warum er dieses Buch überhaupt zur Hand genommen hat, daß er ja eigentlich das Schreiben von Aufsätzen übt ...

Günter Busse
Training Gedichtinterpretation
115 Seiten, kart. (Klett-Nr. 92 892)

Dieses Trainingsbuch führt schrittweise in das Verständnis poetischer Texte ein. Es leitet den Schüler zu selbständiger Arbeit an und vermittelt ihm Grundkenntnisse der Interpretation, die er auch bei der Behandlung epischer und dramatischer Werke anwenden kann. Er wird methodisch geschult und lernt, Texte verschiedener Schwierigkeitsgrade — von der Wiedergabe mit eigenen Worten bis zur detaillierten Interpretation — selbständig zu verfassen.
Die Kapitel des Buches behandeln folgende Aspekte: die Funktion der Form eines Gedichts; wie die Bedeutung der Wörter erschlossen werden kann; die Rolle der Motive für die Zuordnung eines Gedichts zu den Hauptepochen der Literatur und die inneren Beweggründe, die dem Schreiben von Gedichten zugrundeliegen; schließlich ein Überblick über die Hauptthemen, die die Lyriker seit je beschäftigen.
Diese Hauptaspekte — Form, Bedeutung, Motiv und Motivation, Thematik — werden an zahlreichen Gedichtbeispielen gründlich erläutert. Zum Nachschlagen werden Übersichten angeboten, z. B. über die Bauformen von Gedichten. Zusammenstellungen von Arbeitsfragen leiten den Schüler zu zielgerichteter selbständiger Arbeit am Text an.

Friedhelm Hülshoff/Rüdiger Kaldewey
Training Rationeller lernen und arbeiten
142 Seiten, kart. (Klett-Nr. 92 407)

Schüler der Sekundarstufe II erfahren hier, wie sie ihre Arbeitsleistung verbessern, wie sie durch Training und geeignete Techniken Lern- und Konzentrationsstörungen mildern und beheben können.
Aus dem Inhalt: Zeitplanung und Zeiteinteilung · Organisation des Arbeitsplatzes · Aktive Mitarbeit im Unterricht · Hausaufgaben sinnvoll erledigen · Fachliteratur rationell erarbeiten · Fach- und Seminararbeit · Mündliches Referat · Einzelarbeit und Teamarbeit · Prüfungen ohne Streß